AF537825

Die Weinbergschnecke und ihre Verwandten

von
Ulrich Kattmann

Die Neue Brehm-Bücherei

Inhaltsverzeichnis

Warum ein Buch über die Weinbergschnecke?

Die Weinbergschnecke ist unsere größte Landschnecke. Deshalb steht sie im Mittelpunkt dieses Buches.

Jedes Kind kennt Schnecken und hat wohl auch schon einmal eine auf die Hand genommen, um sie genau zu beobachten.

Es ist spannend, wenn eine Schnecke langsam mit dem Fuß und dem Kopf aus dem Haus herauskommt. Schließlich stülpt sie ihre vier Fühler aus. Die zwei großen sehen aus wie Hörner. Schnecken sind ganz anders als wir. Viele Menschen finden sie deshalb besonders interessant. Der Schleim stört sie dann gar nicht.

Du wirst erfahren, wie wichtig der Schleim für die Schnecke ist, wie sie sich damit fortbewegt, wie die Schnecke riecht und was sie sieht und vieles mehr ... und du lernst viele Verwandte der Weinbergschnecke kennen.

Wie du dich in diesem Buch zurechtfindest

Im **Haupttext** stehen interessante und ausführliche Informationen über die Weinbergschnecke und ihre Verwandten. Du kannst diesen Text selber lesen oder ihn dir vorlesen lassen.

Wenn du es ganz genau wissen willst, findest du in der Randspalte mit dem **Symbol „Wissen“** vertiefende Informationen. Diese Informationen sind manchmal nicht einfach zu verstehen. Bitte doch jemanden, diese Texte mit dir gemeinsam zu lesen und darüber zu sprechen.

Das **Symbol „Tipp“** gibt dir Hinweise auf spannende Dinge, die du ausprobieren oder nachprüfen kannst.

Zu allen wichtigen Informationen findest du tolle **Fotos und Zeichnungen**, die dir dabei helfen, das Gelesene besser zu verstehen.

Mit wem ist die Weinbergschnecke verwandt?

Verwandt zu sein bedeutet, dass man gemeinsame Vorfahren hat. Geschwister sind nah miteinander verwandt: Sie haben dieselben Eltern. Cousins und Cousinen sind entfernter verwandt als Geschwister. Ihre gemeinsamen Vorfahren sind erst die Großeltern.
Eng verwandte Tiere bilden eine Familie. Tiergruppen, die nur entfernt verwandt sind, bilden einen Stamm. Zum Beispiel gehören Schnecken und ihre entfernt verwandten Muscheln zum Stamm der Mollusken (➜ Seite 14).

Nahe Verwandtschaft: Gehäuseschnecken ...
Neben der Weinbergschnecke leben bei uns noch viele andere Schneckenarten mit Gehäusen. Sehr eng verwandt ist die Weinbergschnecke mit den Bänderschnecken. Beide Arten gehören zur selben Familie – der Familie der Schnirkelschnecken.
Es gibt aber auch noch andere Schneckenfamilien, zum Beispiel die Schließmundschnecken (➜ Seite 61).

Auf dem Blatt sitzt eine Garten-Bänderschnecke. Wie es zu dem Namen „Bänderschnecke“ gekommen ist, kannst du leicht erkennen: Die Häuser haben 1 bis 5 Bänder, manche aber gar keine (➜ Seite 34–35).

Zu welcher Schnecke gehört das Haus?
Häufige Arten der Gehäuseschnecken kannst du mit der Tabelle ➜ Seite 40–41 bestimmen.
Du brauchst dazu nur ein Schneckenhaus.

8

Steckbrief: Die Weinbergschnecke

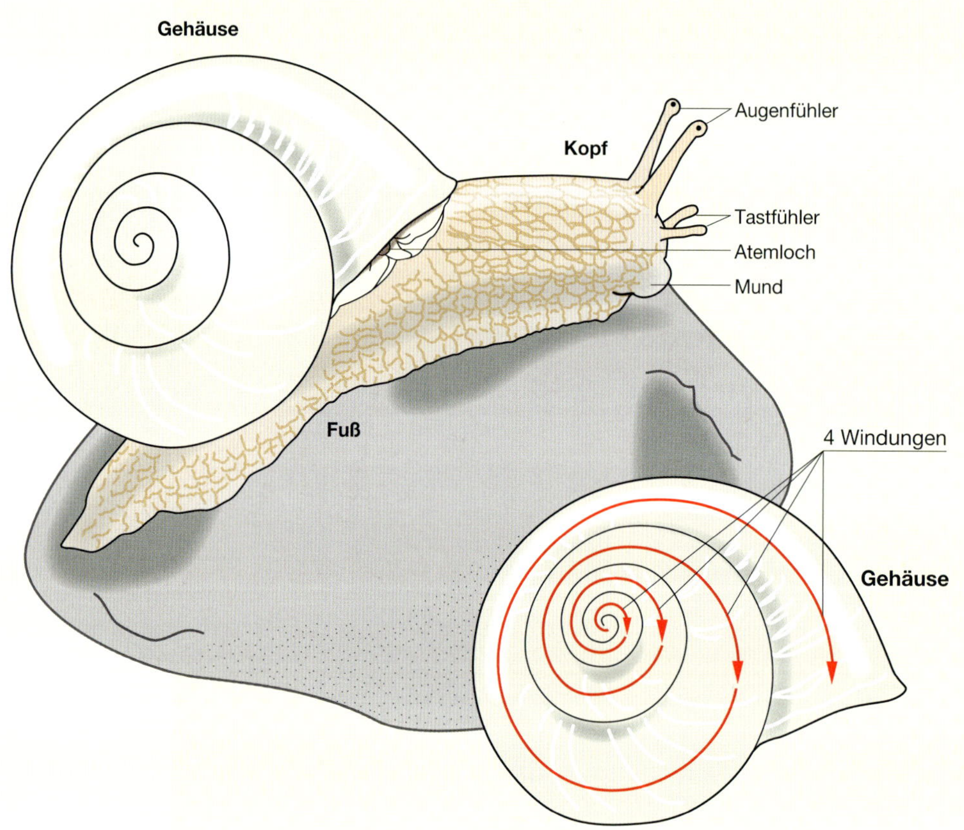

Beschreibung:

- unsere größte Landschnecke
- hat ein bräunliches, aber häufig hell ausgebleichtes Haus – auch Gehäuse oder Schneckenhaus genannt
- hat einen weichen gelbbraunen Körper

Lebensraum:

- lebt in Gärten, in Gebüschen, an Feld- und Waldrändern
- meidet Orte, wo zu viele Giftstoffe gegen Schädlinge eingesetzt werden
- bevorzugt Kalkböden
- liebt feuchte Luft – wie die meisten Schnecken

Bau:

- ihr weicher Körper besteht nur aus Kopf und Fuß
- die inneren Organe, die beim Menschen im Bauch liegen, sind bei der Schnecke im Gehäuse versteckt

Besondere Merkmale:

- kugeliges Haus mit vier Windungen
- Haus ist rechts gewunden, also von der Spitze in der Mitte im Uhrzeigersinn gedreht
- links gewundene Gehäuse sind ganz selten – die nennt man „Schneckenkönige"

Das Haus dieser Weinbergschnecke ist ausgebleicht. Sie ist schon mehrere Jahre alt, aber leider kein „Schneckenkönig".

Mit wem ist die Weinbergschnecke verwandt?

Verwandt zu sein bedeutet, dass man gemeinsame Vorfahren hat. Geschwister sind nah miteinander verwandt: Sie haben dieselben Eltern. Cousins und Cousinen sind entfernter verwandt als Geschwister. Ihre gemeinsamen Vorfahren sind erst die Großeltern.
Eng verwandte Tiere bilden eine Familie. Tiergruppen, die nur entfernt verwandt sind, bilden einen Stamm. Zum Beispiel gehören Schnecken und ihre entfernt verwandten Muscheln zum Stamm der Mollusken (➜ Seite 14).

Nahe Verwandtschaft: Gehäuseschnecken ...

Neben der Weinbergschnecke leben bei uns noch viele andere Schneckenarten mit Gehäusen. Sehr eng verwandt ist die Weinbergschnecke mit den Bänderschnecken. Beide Arten gehören zur selben Familie – der Familie der Schnirkelschnecken.
Es gibt aber auch noch andere Schneckenfamilien, zum Beispiel die Schließmundschnecken (➜ Seite 61).

Auf dem Blatt sitzt eine Garten-Bänderschnecke. Wie es zu dem Namen „Bänderschnecke“ gekommen ist, kannst du leicht erkennen: Die Häuser haben 1 bis 5 Bänder, manche aber gar keine (➜ Seite 34–35).

Zu welcher Schnecke gehört das Haus?
Häufige Arten der Gehäuseschnecken kannst du mit der Tabelle ➜ Seite 40–41 bestimmen.
Du brauchst dazu nur ein Schneckenhaus.

... und Nacktschnecken

Nacktschnecken haben kein Gehäuse. Aber sie sind mit den Gehäuseschnecken verwandt. Der Tigerschnegel ist unsere größte Nacktschnecke. Er wird auch Große Egelschnecke genannt.

Wegschnecken gehören ebenfalls zu den Nacktschnecken. In Gärten sind sie sehr unbeliebt, weil sie die Blätter und Früchte von Gartenpflanzen fressen. Zwar schmeckt auch manchen Gehäuseschnecken ein Salatblatt. Sie sind aber nicht so gefräßig wie die Wegschnecken.

Der Tigerschnegel hat seinen Namen wegen der schönen Zeichnung auf seinem langen Körper.

Die Rote Wegschnecke frisst hier Blüten der Engelwurz. Sie lebt vorwiegend im Wald. Im Garten findet man ähnliche Arten.

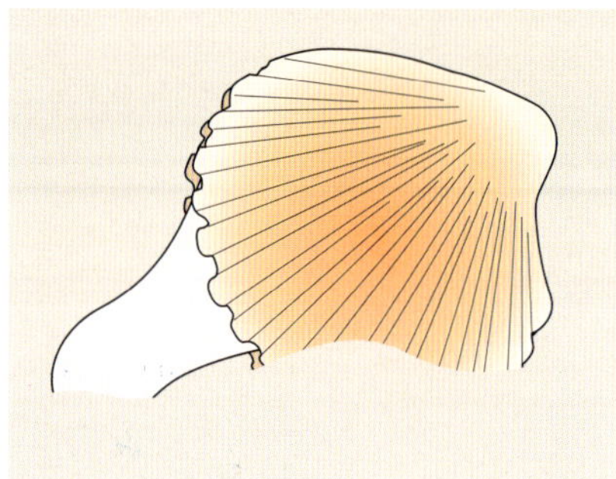

Die Herzmuschel kann sich mit ihrem Fuß in den Wattboden eingraben.

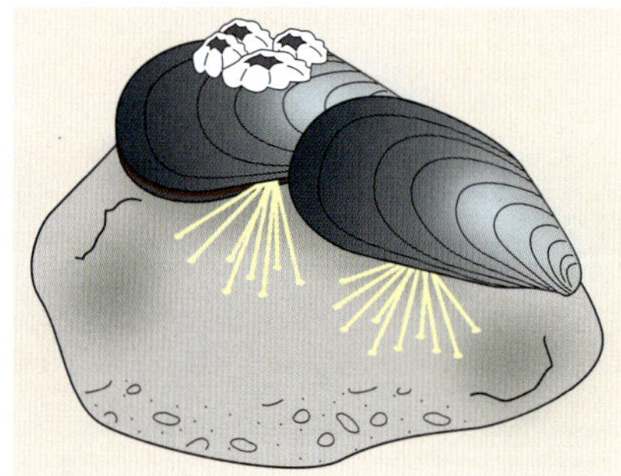

Diese Miesmuscheln haben sich mit selbst gesponnenen Fäden an einem Stein befestigt.

Entfernte Verwandte: Muscheln ...

Muscheln haben keinen Kopf. Ihr ganzer Körper steckt in einer Schale. Muschelschalen haben immer zwei Klappen. Dadurch unterscheiden sie sich von einer Schneckenschale: Schneckenschalen sind aus einem Stück. Bei lebenden Muscheln sind die Klappen geschlossen. Oder sie sind nur leicht geöffnet, sodass die Muschel ihren Fuß herausstrecken kann.
Muscheln können sich mit dem Fuß fortbewegen und eingraben. Einige können sich auch festsaugen.

Miesmuscheln spinnen mit dem Fuß Fäden, die die Muschel am Untergrund festhalten.
Muscheln bewegen sich selten. Stattdessen bewegen sie das Wasser: Sie strudeln es in ihre Schale und filtern Schwebstoffe und kleine Lebewesen aus dem Wasser. Zum Atmen nehmen sie Sauerstoff aus dem Wasser auf. Die meisten Muschelarten leben im Meer. Nur wenige leben in Seen und Flüssen wie die Große Teichmuschel.
Am Strand kannst du verschiedene Muschelschalen sammeln. Meist findet man nur eine Hälfte der beiden Klappen.

Miesmuscheln, Herzmuscheln und Austern kann man essen. Austern werden außerdem in großen Gehegen gehalten, um mit ihnen Perlen zu züchten. Perlen entstehen, wenn Fremdkörper in den Spalt zwischen ihrem Körper und ihre Schale geraten. Diese Fremdkörper steckt man den jungen Austern künstlich unter die Schale.

Die Große Teichmuschel stülpt gerade ihren Fuß aus.
Mit ihm kann sie sich fortbewegen und festhalten.

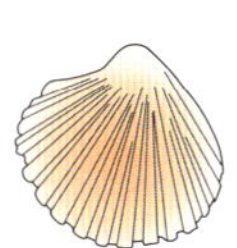
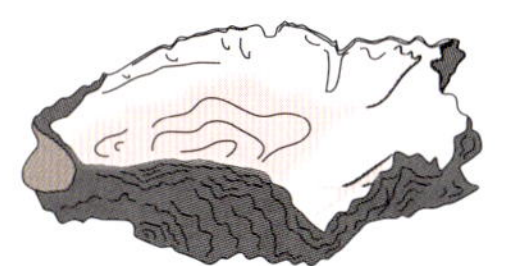
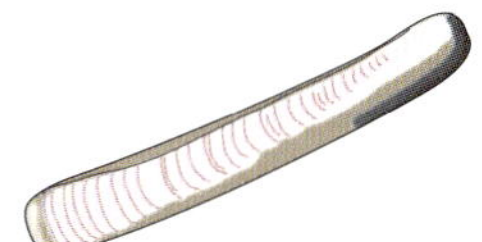
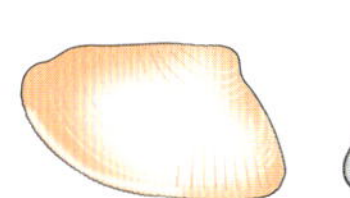
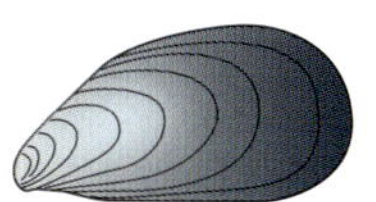
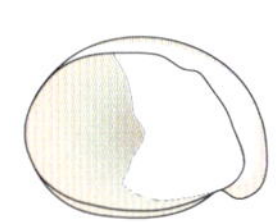
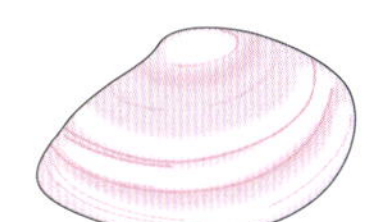

Möchtest du wissen, wie diese Muscheln heißen?
Die Lösung steht auf → *Seite 67.* *Aber pass auf: Eine Schneckenschale hat sich dazwischen gemogelt.*

Am Strand der Nordsee kannst du manchmal einen Schulp finden. Er stammt vom Tintenfisch Sepia. Diese Kalkschale befindet sich bei Tintenfischen unter der Haut. Sepia-Schulpe sind wegen des Kalks bei Wellensittichen beliebt. Vielleicht hast du schon einmal gesehen, dass sie einen zum Fressen und zur Schnabelpflege in ihrem Käfig haben.

... und Tintenfische

Sepien und Kraken gehören zu den Tintenfischen. Man nennt sie auch Tintenschnecken, weil sie ja keine Fische wie Heringe oder Karpfen sind.

Sie heißen auch Kopffüßer, weil ihre Beine am Kopf sitzen. Die Kopfbeine bezeichnet man oft als Arme. Sepia und Kraken fangen mit ihnen ihre Beutetiere. Kraken haben ein großes Gehirn – und sie können sehr gut sehen. Sie sind sehr intelligente Tiere. Zum Beispiel lernen sie, wie sie mit ihren Armen schnell ein Gefäß öffnen können, um an Leckerbissen zu gelangen.

Dieser Sepia lebt tief im Meer. Du kannst deutlich den Flossensaum erkennen – mit dem bewegt er sich durchs Wasser.

Wenn du die Krake genau betrachtest, kannst du die Saugnäpfe erkennen: Das sind die weißen Stellen an den Kopfbeinen.

Fossilien

Versteinerungen oder Spuren von Lebewesen, die vor langer Zeit gelebt haben, nennt man Fossilien. In Kalkfelsen findet man Schalen von Tieren. Die meisten sind sehr klein. Man kann sie nur mit einem Mikroskop erkennen.

Ammoniten

Ammoniten sind ebenfalls Tintenfische. Wie die großen Dinosaurier sind sie vor etwa 65 Millionen Jahren ausgestorben.

Tintenfisch Nautilus

Wie die Ammoniten hat der Tintenfisch Nautilus eine gewundene Kalkschale. Weil er einem Ammoniten ähnlich ist, wird er als „lebendes Fossil“ bezeichnet.

Donnerkeile

Am Strand von Rügen oder auf der Düne von Helgoland kannst du Donnerkeile finden.
Sie sind die Reste von inneren Schalen ausgestorbener Tintenfische. Sie wurden von der See aus Kalkfelsen herausgewaschen.

Mollusken
Üblicherweise sagen wir zu den Mollusken „Weichtiere". Namen können jedoch in die Irre führen: Viele denken beim Namen „Weichtiere" an Quallen und Regenwürmer. Die aber gehören gar nicht zum Stamm der Mollusken: Die Quallen gehören zum Stamm der Nesseltiere (➜ Seite 48), die Regenwürmer zum Stamm der Ringelwürmer.
„Weichtiere" sind also nicht einfach weiche Tiere. Kennzeichnend für die meisten Mollusken ist nicht ihr weicher Körper, sondern die harte Kalkschale.

Der Stamm der Mollusken

Tintenfische, Schnecken und Muscheln bilden zusammen den Stamm der Mollusken. In der Wissenschaft nimmt man an, dass alle Mollusken einen gemeinsamen Vorfahren haben, von dem sie abstammen. Wie kommt man darauf? Schnecken, Muscheln und Tintenfische scheinen auf den ersten Blick ganz verschieden.
Auf den zweiten Blick haben Muscheln und Schnecken einige Merkmale gemeinsam:
Sie haben einen Fuß und eine Kalkschale. Die sind nur unterschiedlich ausgebildet.
Schnecken haben eine Schale aus einem Stück, Muscheln eine aus zwei Klappen.
Schnecken haben einen Kriechfuß, Muscheln einen Grabfuß.
Bei den Tintenfischen sind die beiden Körperteile ebenfalls vorhanden, sehen aber meist ganz anders aus. Die Arme sind umgewandelte Teile des Fußes.
Am meisten ähneln die Schalen von Nautilus und den Ammoniten dem Haus einer Schnecke. Sie sind jedoch in zahlreiche Kammern unterteilt.
Die anderen Tintenfische haben nur eine einfache innere Schale (➜ Seite 12).

Einige Tintenfische, Muscheln und Schnecken bilden eine Perlmuttschicht. Das ist ein Zeichen dafür, dass die drei Gruppen miteinander verwandt sind.
Auch die Schale ihres gemeinsamen Vorfahren hatte eine Perlmuttschicht. Perlmutt erkennst du an dem silbrigen Glänzen.
Perlmutt-Schalen werden gern für Schmuck verwendet. Echte Perlen haben ihren Glanz von einer Perlmuttschicht, die sie umgibt. Sie werden vor allem von Austern (→ Seite 11) gebildet.

Tintenfische: Nautilusschale

Ammonit: fossiles Perlmutt

Meeresschnecke Turbo

Muschel: Austernschale

Wie sich Weinbergschnecken fortpflanzen

Zwei Weinbergschnecken paaren sich. Es ist gar nicht so einfach zu erkennen, wo sie ihre Fußsohlen aneinanderpressen.

Paarung der Zwitter

Mit etwas Glück kannst du Weinbergschnecken bei der Paarung beobachten. Sie paaren sich von Mai bis Juli.

Die beiden Schnecken treffen sich zufällig. Sie kriechen aufeinander zu, aneinander hoch und pressen die Sohlen der beiden Füße gegeneinander.

Ein Partner sticht dabei dem anderen einen Dorn aus Kalk in den Fuß. Dieser Dorn heißt Liebespfeil (➜ Seite 36).

Er dient dazu, den Partner zu reizen und zur Paarung bereit zu machen. Die Paarung kann mehrere Stunden dauern.

Weinbergschnecken sind Zwitter: Bei der Paarung übernimmt eine Schnecke die Rolle des Weibchens, die andere die Rolle des Männchens.
Die Schnecke, die die Rolle des Männchens hat, überträgt ihre Spermien in den Körper der anderen Schnecke, sodass deren Eier befruchtet werden können. Bei der Befruchtung verschmilzt je ein Spermium mit einer Eizelle. Es werden also nur die Eier von einer der beiden Schnecken befruchtet.
Das Tier mit der weiblichen Rolle ist meist älter als das, das sich wie ein Männchen verhält.

Die älteren Tiere sind größer und produzieren mehr Eier. Selten tauschen die Schnecken während der Paarung die Rollen und befruchten ihre Eier gegenseitig. Meist muss das Tier, das die Rolle des Männchens hatte, auf einen anderen Partner warten, der seine Eier befruchtet.

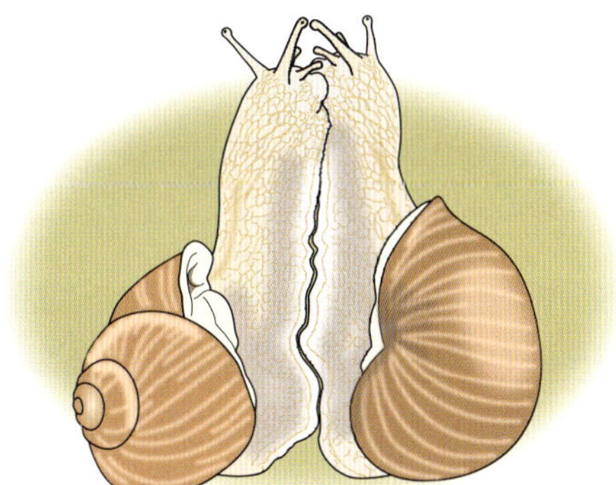

Bei der Paarung pressen die Partner die Fußsohlen fest aneinander.

Zwitter nennt man die Lebewesen, die beide Geschlechter in sich vereinen.
Weinbergschnecken sind Zwitter. Jede Schnecke ist also zugleich Weibchen und Männchen.
Landschnecken haben eine Zwitterdrüse, in der sowohl Eier wie auch Spermien gebildet werden.
Zwitter anderer Tiergruppen besitzen Eierstöcke, in denen die Eier gebildet werden. Und sie haben Hoden, in denen die Spermien gebildet werden.

Die Weinbergschnecke legt ihre Eier in die selbst gegrabene Erdhöhle ab.

Brutfürsorge und Entwicklung der Jungen

Nachdem die Eier befruchtet wurden, dauert es mehrere Wochen, bis die Schnecke sie ablegt. Dazu gräbt sie mit dem Vorderkörper eine Erdhöhle. Die Muskeln ihres Fußes machen dazu drehende Bewegungen. Nach dem Graben braucht die Schnecke eine Ruhepause von mehreren Stunden. Dann legt sie 40 bis 50 Eier in die Höhle und verschließt sie danach sorgfältig mit Erde. So können sie nur schwer von Nacktschnecken entdeckt werden, die die Eier gern fressen.

Die Schnecke überlässt die Eier sich selbst. Nach 3 bis 4 Wochen schlüpfen aus den Eiern fertige kleine Schnecken. Die Schneckchen haben bereits ein kleines Haus. Sie sind völlig selbstständig und graben sich aus der Höhle ins Freie. Leider haben sie jedoch viele Feinde: Ameisen, andere Schnecken, Singdrosseln und Igel stellen ihnen nach.

Nach 2 bis 4 Jahren sind Weinbergschnecken erwachsen.

In Freiheit werden sie 8 bis 10 Jahre alt, in Gehegen sind einzelne Tiere sogar bis zu 39 Jahre alt geworden.

Wie das Haus der Weinbergschnecke wächst

Das Haus der Schnecke wächst nur an der Öffnung. Der Schalenrand wird bei jungen Schnecken von der Körperhaut umgeben. Sie gibt eine Flüssigkeit ab, in der Kalk und ein Kleber gelöst sind. Der Kleber wird fest und es bilden sich Kalkkristalle. So entsteht die harte Kalkschale.
Bei der Weinbergschnecke kannst du an den Riffeln sehen, wie die Schale gewachsen ist.
In Zeiten mit reichlicher Nahrung wächst die Schale stärker als bei Mangel.

Diese Weinbergschnecke ist noch ganz jung – höchstens ein paar Tage alt. Schau, wie hell, zart und glänzend ihr Haus noch ist.

Diese Weinbergschnecke ist ungefähr 1 Jahr alt. Ihr Haus hat erst drei Windungen.
An dem dünnhäutigen Öffnungsrand der Schale ist zu erkennen, dass sie noch wächst.

Was Weinbergschnecken alles können

An den großen Fühlern hat die Weinbergschnecke Augen, die als dunkle Punkte zu erkennen sind.
Mit den kleinen Fühlern tastet und schmeckt die Schnecke.

Sehen mit Stielaugen

Wie jedes Lebewesen, muss sich eine Weinbergschnecke in ihrer Umwelt zurechtfinden. Auffallend sind ihre Fühler. Die Schnecke hat Augenfühler und Tastfühler.
Die Augen der Schnecke sitzen auf den großen Fühlern. Sie sind ähnlich gebaut wie unsere, aber sie sind sehr klein.
Die Bilder, die die Schnecke sieht, sind unscharf. Sie kann nur undeutlich hell und dunkel unterscheiden. Farben kann die Schnecke nicht sehen. Sie sieht zum Beispiel eine Blume nicht so schön wie wir.

Dass die Schnecke Licht wahrnimmt, kannst du leicht feststellen: Wenn ein Schatten auf sie trifft, zieht die Schnecke ihre Fühler ein.

So sehen wir die Blume …

… und so sieht sie die Weinbergschnecke.

Mit einem einfachen Versuch kannst du prüfen, ob sich die Schnecke bei ihrer Fortbewegung nach dem Licht richtet.

Aber beachte: Weinbergschnecken stehen unter Naturschutz. Beobachtungen kannst du jedoch an den häufig vorkommenden Bänderschnecken machen. Wie du eine Schnecke kurze Zeit zu Hause halten kannst, erfährst du auf den ➜ Seiten 62 und 63.

Gehe mit Schnecken sorgsam um, dann zeigen sie dir, was sie können.

Du kannst die Schnecke aus dem Haus locken, indem du die Mündung nach oben drehst.

Wenn die Luft zu trocken ist, zieht sich die Schnecke in ihr Haus zurück. Sie wird jedoch sofort wieder munter, wenn du sie kurz in lauwarmes Wasser legst, bis sie aus dem Haus kommt.

Versuch

Baue eine Arena für die Schnecke: Stelle schwarze Pappscheiben in regelmäßigen Abständen im Kreis auf. Die gestrichelten Linien geben im Bild die Spuren an, die Schnecken hinterlassen haben.

Überprüfe, ob sich deine Schnecke genauso verhält wie diese Schnecken. Setze sie dazu in die Mitte des Kreises. Wiederhole dies mehrmals und lass deine Schnecke jedes Mal in eine andere Richtung starten.

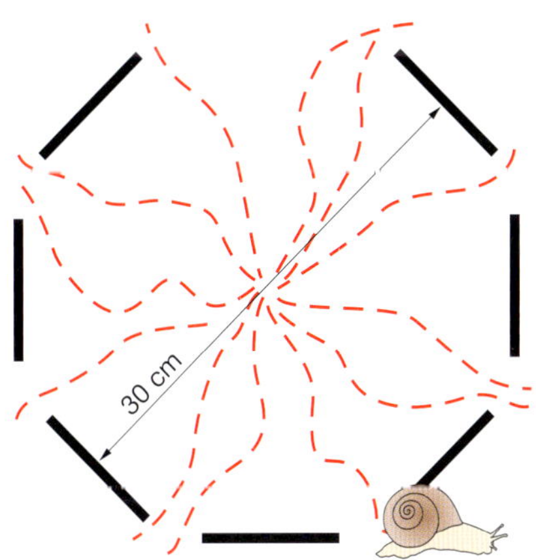

Beim Schmecken und beim Riechen nehmen wir Stoffe wahr.
Schmecken ist der Nahsinn: Wir nehmen die Stoffe erst wahr, wenn sie im Mund auf der Zunge sind.
Das ist bei der Schnecke ganz ähnlich. Bevor sie die Nahrung aufnimmt, prüft sie ihren Geschmack mit den kleinen Fühlern und der Haut um den Mund. Sie kann süß, salzig und bitter unterscheiden.
Riechen ist der Fernsinn: Für die Schnecke ist das Riechen viel wichtiger als für uns. Sie riecht entfernte Nahrung mit der ganzen Haut.

Riechen mit der Haut

Menschen riechen mit der Nase duftende Stoffe. Der Duft kann von weit her kommen.
Bei Schnecken sieht man keine Nasenlöcher. Können sie riechen, ob etwas Essbares in ihrer Nähe ist? Wie können sie riechen, wenn sie keine Nase haben?
Die Wissenschaft behauptet: Die Nase der Schnecke ist ihre Haut. Ist das richtig? Das kannst du mit Versuchen und Beobachtungen herausfinden.

Die Versuche sind für die Schnecken ungefährlich, wenn du vorsichtig mit ihnen umgehst. Nach jedem Versuch musst du die Platte, auf der die Schnecke gekrochen ist, gründlich mit lauwarmem Wasser reinigen. Sonst gelingen die Versuche nicht.

Riecht die Schnecke Apfelsaft?

Versuch 1:
Ziehe auf einer Glasplatte mit einem Stück Apfel eine „Apfelsaftspur“. Setze dann eine Schnecke auf die Glasplatte. Sie soll etwa so weit von der Spur entfernt sein, wie dein kleiner Finger lang ist. Beobachte, wohin die Schnecke kriecht.

Wie wirkt der Duft vom Deostift auf die Schnecke?

Versuch 2:
Ziehe mit einem Deostift über die Glasplatte einen großen Duftkreis, der an einer Stelle offen ist. Die Öffnung soll so groß sein, dass die Schnecke dort aus dem Kreis kriechen könnte. Setze die Schnecke in die Mitte des Kreises. Wiederhole das mehrmals. Setze die Schnecke dabei mit dem Kopf immer in eine andere Richtung.

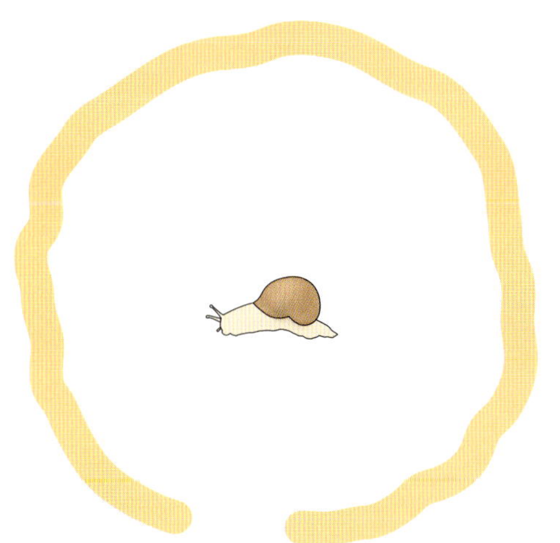

Nimmt die Schnecke Senf und Essig wahr?

Bei Versuchen mit scharfem Senf und Essig lass dir von Erwachsenen helfen. Halte lauwarmes Wasser bereit, damit du die Schnecke reinigen kannst, falls du sie doch mit Essig oder Senf berührt hast.

Versuch 3:
Nimm einen Holzstab und tunke ihn in Essig ein. Nähere den Stab vorsichtig verschiedenen Stellen des Schneckenfußes an. Der Stab darf die Schnecke nicht berühren!
Beobachte, wie die Schnecke reagiert.

Versuch 4:
Ziehe einen Strich aus scharfem Senf quer über die gesamte Breite der Glasplatte. Setze die Schnecke davor, sodass sie über den Senfstrich kriechen muss.
Notfalls reize sie ein wenig mit einem sauberen Holzstab am hinteren Ende des Fußes. Beobachte von der Seite. Beurteile nach dem Überqueren, ob die Schnecke den Senfstrich berührt hat.

Versuchsergebnisse
Die Versuche zeigen, dass die Schnecke riechen kann – obwohl sie keine Nase hat.
Senf oder Essig nimmt sie sogar mit der Haut des Fußes wahr, sodass sie die scharfen Stoffe nicht berührt.

Eigene Versuche
Du kannst dir eigene Versuche ausdenken. Lege zum Beispiel ein Salatblatt in die Nähe der Schnecke.

Beobachte, wie die Schnecke frisst.

Versuch 1
Lege ein Apfelstück in ein Glas und setze eine Schnecke dazu. Warte, bis die Schnecke das Apfelstück entdeckt hat und frisst. Lege dann dein Ohr an die Öffnung des Glases und horche.

Versuch 2
Reibe eine Glasscheibe mit einem Apfelstück kräftig ein. Setze eine Schnecke auf die Glasscheibe. Beobachte von der Seite und von unten, dann siehst du die Fressbewegungen und die Reibeplatte.

Raspeln statt kauen

Weinbergschnecken sind Pflanzenfresser. Sie ernähren sich hauptsächlich von frischen Blättern und Früchten. Welke Pflanzenteile frisst die Schnecke nur, wenn sie Hunger hat und keine frischen Pflanzenteile da sind.

Typisch für Schnecken ist die Zunge mit einer Reibeplatte. Sie hat bei der Weinbergschnecke und bei den Bänderschnecken viele kleine Zähnchen. Mit ihnen raspeln die Schnecken ihre Nahrung ab.

Auf der Reibeplatte der Zunge kannst du die vielen kleinen Zähnchen gut erkennen.

Fraßspuren von Schnecken kannst du manchmal an Früchten oder Baumrinden sehen oder – von Wasserschnecken – am Algenrasen an Aquarienscheiben:

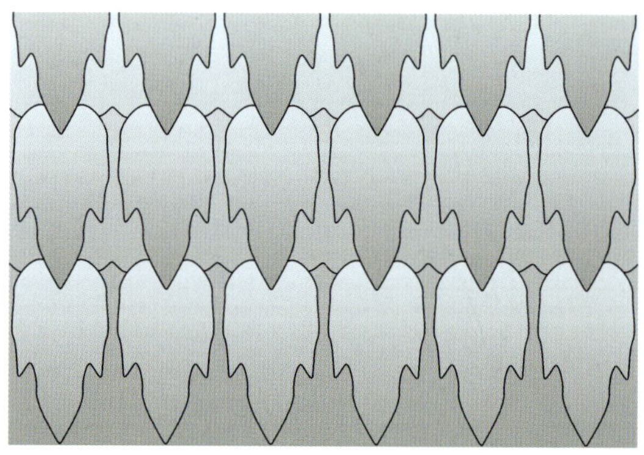

Verdauung

Der Darmkanal der Schnecke beginnt mit der Mundhöhle und der Speiseröhre.
Die Säfte der großen Speicheldrüsen schleimen die Nahrung ein und starten die Verdauung.
Die Nahrung wird hauptsächlich in dem Organ verdaut, das über Einfuhrgänge und Ausfuhrgänge mit dem Magen verbunden ist. Es heißt Mitteldarmdrüse und nimmt den größten Raum im Gehäuse der Schnecke ein.
Von dort gelangen die Nährstoffe ins Blut der Schnecke. Mit dem Blut werden sie im Körper verteilt.

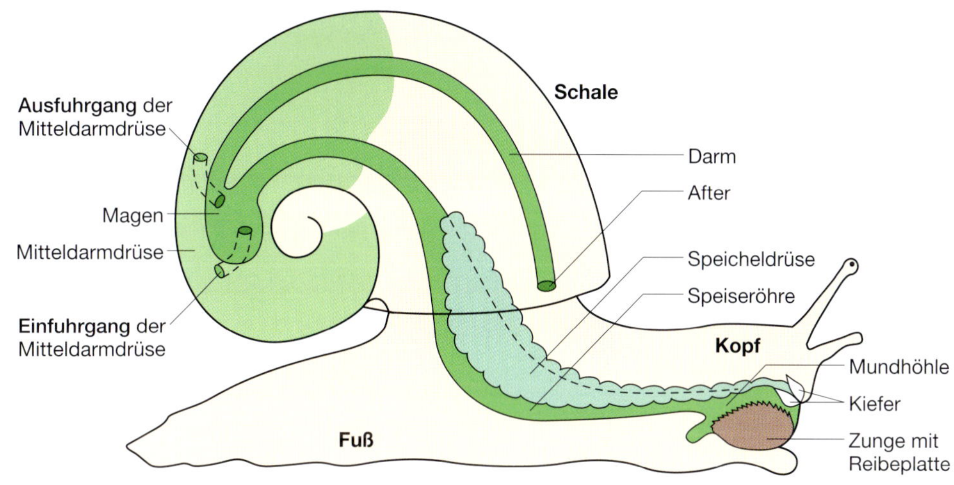

Organe der Weinbergschnecke zur Aufnahme und Verdauung der Nahrung.

Unverdaute Teile der Nahrung und nicht verwertbare Produkte der Verdauung werden über den Ausfuhrgang der Mitteldarmdrüse in den Darm gegeben. Der After mündet an der Schalenöffnung. Der Kot wird als dunkle Wurst ausgeschieden.

Schnecken sind die einzige Gruppe der Mollusken, die es geschafft hat, das Land zu besiedeln.
Schnecken krochen bereits auf dem Land, als die ersten Dinosaurier auftraten.
Die Vorfahren der Landschnecken haben im Meer gelebt und wie die heutigen Meeresschnecken durch Kiemen geatmet (➜ Seiten 45 und 46).
Der Körper der Schnecken wurde an die neuen Bedingungen angepasst: Landschnecken atmen durch Lungen.

Wie Weinbergschnecken atmen

Die Atemöffnung der Weinbergschnecke führt in eine Höhle.
Die Haut dieser Höhle ist stark durchblutet. Sie ist die Lunge der Schnecke. Wie in unserer Lunge, wird dort Sauerstoff aus der Luft aufgenommen und Kohlenstoffdioxid abgegeben.
Das Blut transportiert Sauerstoff und Kohlenstoffdioxid. Das ist bei uns Menschen genauso. Es gibt aber einen Unterschied:
Unser Blut fließt im ganzen Körper in großen und kleinen Adern.
Wir haben einen geschlossenen Blutkreislauf.

Die Schnecke hat nur zwei große Adern: die Ausstrom-Ader und die Sammel-Ader. Das Herz pumpt das Blut über die Ausstrom-Ader in die Lunge.
Von da an fließt das Blut frei zwischen den Organen, bis es in der Sammel-Ader vom Herzen eingesaugt wird. Das nennt man einen offenen Blutkreislauf.

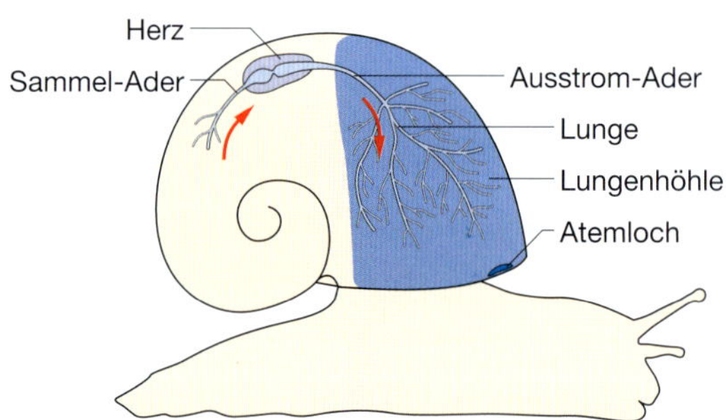

Offener Blutkreislauf: Herz und große Adern der Weinbergschnecke.

Du kannst selbst leicht beobachten, wie häufig eine Schnecke atmet.
Halte dazu die Schnecke so, dass du das Atemloch sehen kannst.
Beobachte, wie oft sich das Atemloch in einer Minute schließt und öffnet.
Wenn du herausfinden möchtest, wie schnell ein Schneckenherz schlägt, suchst du am besten eine Bernsteinschnecke. Bei ihr kann man das Herz schlagen sehen, weil sie eine zarte Schale hat. Du findest sie häufig an Pflanzen in der Nähe von Gewässern oder an Gräben. Setze eine etwa 1 Zentimeter große Bernsteinschnecke auf deinen Finger und lass sie kriechen.

- Versuche das pulsierende Herz zu entdecken.
- Zähle die Herzschläge pro Minute bei unterschiedlich aktiven Bernsteinschnecken.

Bei dieser Schnecke kannst du deutlich das Atemloch am Gehäuseeingang erkennen.

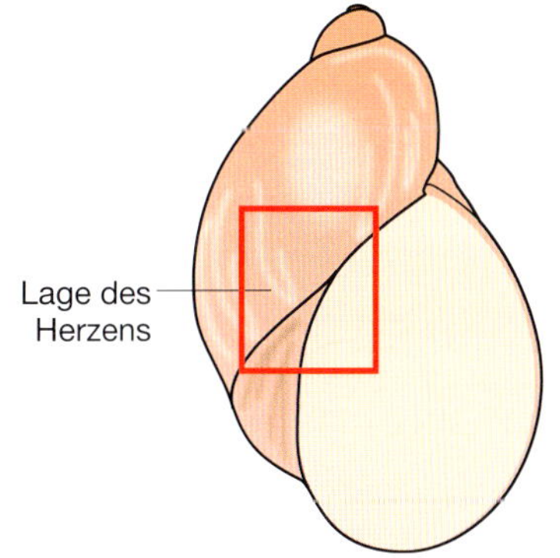

Beim Atmen wird Sauerstoff aufgenommen und Kohlenstoffdioxid abgegeben. Der Sauerstoff ist nötig, um die in der Nahrung enthaltenen Nährstoffe zu verwerten. Erst zusammen mit dem Sauerstoff liefern sie die Energie für Lebensvorgänge.
Der Sauerstoff wird im Blut ähnlich wie bei uns von einem besonderen Stoff transportiert. Bei uns und bei Süßwasserschnecken ist dieser Stoff rot und heißt Hämoglobin. Bei den Weinbergschnecken ist er farblos, beladen mit Sauerstoff ist er blau. Er heißt Hämocyanin.

In der Haut auf dem Rücken der Schnecke erkennst die tiefen Rinnen.

Vielseitige Haut

Die Schneckenhaut hat viele Rinnen wie ein Kanalsystem. Das schützt die Schnecke bei trockener Luft vor dem Austrocknen:

In den Rinnen verdunstet Wasser viel weniger als auf den Erhebungen.

Die Rinnen wirken wie ein Kanalsystem. Bei trockener Luft werden sie tiefer.

Außerdem ist die Haut der Schnecke von Kopf bis Fuß ein Sinnesorgan. Die Schnecke riecht und tastet mit dem ganzen Körper, sogar mit der Fußsohle (→ Seite 23).

Nützlicher Schleim

Die Haut der Schnecke gibt ständig Schleim ab. Außerhalb des Gehäuses umgibt Schleim den ganzen Körper. Man kann sagen: Das Leben der Schnecke hängt vom Schleim ab.

Schutz vorm Austrocknen

Schleim umgibt die Schnecke wie eine Hülle. Er verhindert nicht nur, dass viel Wasser aus dem Körper der Schnecke verdunstet: Er zieht Wasser sogar an! Schnecken können zwar mit dem Mund trinken. Doch in feuchter Luft nehmen sie über den Schleim genau so viel Wasser durch die Haut auf. Bei trockener Luft kann sich die Schnecke in ihr Haus zurückziehen und es mit einer Haut aus Schleim abschließen.

Schutz vorm Gefressenwerden

Wenn eine Schnecke sich schnell in ihr Haus zurückzieht, kann sie viel Schleim absondern, der dann in Blasen vor der Öffnung steht.
Vögel, die die Schnecke fressen wollen, geben es dann häufig auf – sie mögen den Schleim nicht.
Einige Schneckenarten haben Ekelstoffe im Schleim, die zusätzlich abschrecken.

Wird die Weinbergschnecke angegriffen, gibt sie viel Schleim ab. Den finden die Feinde eklig.

Schnecken beim Kriechen beobachten

Mit einfachen Versuchen kannst du herausfinden, wie Schnecken sich fortbewegen.

Versuch 1
Setze eine Schnecke auf eine Glasplatte und warte, bis sie anfängt zu kriechen. Dann drehe die Glasplatte um und beobachte die Bewegungen der Fußsohle.
Die Schnecke fällt nach dem Umdrehen nicht herunter: Der Schleim lässt sie an der Glasplatte haften.

Versuch 2
Lass die Schnecke auf Schmirgelpapier und auf einer glatten Platte kriechen. Miss die Strecken, die sie in einer Minute zurücklegt. Vergleiche die zurückgelegten Strecken auf dem Schmirgelpapier und die auf der glatten Platte miteinander.

Versuch 3
Nimm ein Messer und setze die Schnecke auf die flache Seite. Warte bis sie kriecht. Dann drehe das Messer senkrecht mit der Schneide nach oben. Beobachte, wie die Schnecke weiterkriecht.

Auf der Kriechspur

Dass Schnecken kriechen, weiß man. Aber wie genau bewegen sie sich ohne Beine fort? Der Trick liegt in der Schleimspur, die die Schnecken hinter sich lassen!

Du siehst deutlich die Schleimspur, die die Weinbergschnecke hinterlässt.

Schnecken kriechen auf ihrer Spur wie auf einem selbst hergestellten Laufband. Sie bewegen sich also nicht direkt auf dem Untergrund, sondern stets bequem auf einer glatten Gleitbahn.

Die Weinbergschnecke legt in einer Minute eine Strecke zurück, die etwas länger ist als ihr Körper. Sie erreicht also eine Geschwindigkeit von 7 Zentimetern pro Minute, das sind etwa 4 Meter pro Stunde.

Diese Weinbergschnecke kriecht auf einer Glasplatte. Man sieht die Bewegungswellen der Fußsohle. Sie laufen von hinten nach vorn.

Die Schleimdrüse der Schnecke gibt ständig Schleim ab. So entsteht ein Schleimband, auf dem die Schnecke „läuft“. Die Bewegungswellen des Fußes treiben die Schnecke vorwärts.

Eine Weinbergschnecke mit Kalkdeckel.
Je dicker der Deckel ist, desto besser kann die Schnecke tiefe Temperaturen im Winter aushalten.

Wie Weinbergschnecken durch den Winter kommen

Im Winter ist es nicht nur kalt. Wenn das Wasser zu Eis gefroren ist, ist es auch trocken. Deshalb ist der Winter für die Weinbergschnecke eine Zeit, in der sie besonders geschützt in ihrem Haus bleibt. Sie hält Winterruhe. In dieser Zeit muss sie hungern. Sie zehrt von den Fettreserven, die sie sich angefressen und in der Mitteldarmdrüse (➜ Seite 25) gespeichert hat.

Die Weinbergschnecke schützt sich, indem sie ihr Haus mit einem Kalkdeckel verschließt. Sie scheint zu ahnen, wie streng der Winter wird: Vor kalten Wintern macht sie den Kalkdeckel besonders dick. Um einen Kalkdeckel herzustellen, benötigt die Schnecke 2 bis 3 Tage.

Die Weinbergschnecke zieht im Inneren der Schale Folien aus Schleim ein, sodass mehrere mit Luft gefüllte Räume entstehen. So kann die Kälte nicht ins Haus vordringen: Luft hält die Wärme fest, das kennst du von der doppelten Fensterscheibe mit der Luftschicht dazwischen. Ohne Folien aus getrocknetem Schleim würde die Schnecke erfrieren.

Sie zieht sich in die äußerste Spitze des Hauses zurück. Die Schale ist dort besonders dick. Im kalten Winter atmet die Schnecke kaum und das Herz schlägt sehr langsam.
Im Frühjahr – im März oder April – erwacht die Schnecke aus ihrer Ruhe. Sobald es warm und feucht ist, zerstört sie die Schleimwände und sprengt den Deckel mit ihrem Fuß auf.
Sie kriecht umher, trinkt Wasser und stürzt sich auf frische grüne Blätter, bis sie ihren Hunger gestillt hat. Sie wiegt bald doppelt so viel wie beim Aufwachen.

Ein neues Schneckenjahr beginnt. Im Mai wird sich die Schnecke mit einer anderen Schnecke paaren (➜ Seiten 16 und 17).

Im Frühjahr, wenn es wieder warm genug ist, sprengt die Schnecke den schützenden Kalkdeckel auf. Den Kopf kannst du schon erkennen.

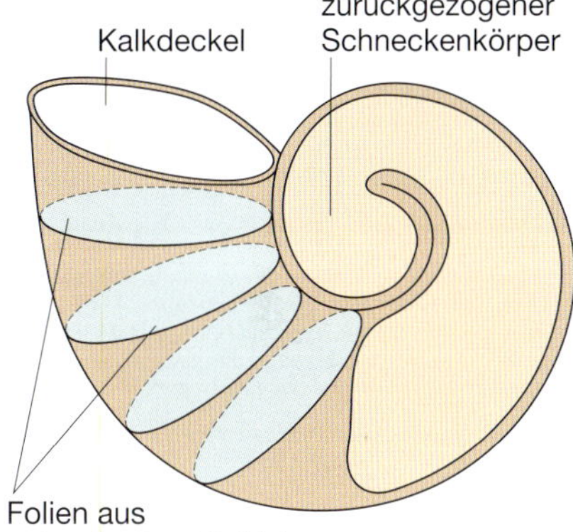

Hier hast du einen Blick in das Haus einer überwinternden Weinbergschnecke.

Vielfalt der Landschnecken

Bänderschnecken – gibt es mit und ohne Bänder

Jedes Tier und jede Pflanze ist einmalig.
Bei den Bänderschnecken fällt das besonders auf: Fast jede Schnecke sieht anders aus.

Auf diesen beiden Seiten sind nur zwei Schneckenarten zu sehen: Trotz der vielen verschiedenen Gehäuse sind es nur die Garten-Bänderschnecke und die Hain-Bänderschnecke. Man kann die beiden Arten am Rand der Gehäuseöffnung unterscheiden: Die Garten-Bänderschnecke hat einen hellen, die Hain-Bänderschnecke einen dunklen Rand.

Sind sie nicht schön, die Schnecken? Sie heißen auch Schnirkelschnecken. Das klingt lustig. Schnirkel heißt Schnörkel und meint die Windungen der Gehäuse.
Achte auf die Farben der Gehäuse. Zähle, wie viele Bänder auf der letzten Windung sind. Vergleiche die Breite der Bänder. Welche Schnecken passen besonders gut zusammen?
Du kannst die Schnecken nach deinen Vorstellungen zu Paaren oder größeren Gruppen ordnen. Welche Paare oder Gruppen bildest du? Gib ihnen einen passenden Namen.
Du kannst ein Spiel daraus machen, in dem mehrere Personen die Schnecken jeweils nach ihren Vorstellungen ordnen. Ihr vergleicht dann, wie ihr geordnet habt. Du kannst für dieses Spiel leere Gehäuse von Bänderschnecken sammeln.

Lebewesen derselben Art unterscheiden sich. Die Unterschiede sind häufig wichtig für die einzelnen Lebewesen. Woran erkennt man eine Art, wenn die Angehörigen sehr verschieden aussehen? Zu einer Art gehören die Lebewesen, die sich in freier Natur miteinander fortpflanzen. In Gehegen, wo sie keine andere Wahl haben, paaren sich manchmal auch Lebewesen nah verwandter Arten. Doch: Was sich in freier Wahl verpaart, das zählt man klar zu einer Art.

Was ist eine Art?

Auf den Seiten 34 und 35 konntest du verschieden aussehende Bänderschnecken sortieren. Du hattest dafür mehrere Möglichkeiten.

Man könnte meinen, dass die Schnecken zu sehr vielen verschiedenen Arten gehören. Und das könnte man auch bei den beiden Schnecken auf dem Bild rechts annehmen – sie sehen doch sehr unterschiedlich aus. Aber weil sich die Schnecken auf dem Bild paaren, steht fest: Sie gehören zur selben Art.

Hier siehst du Hain-Bänderschnecken in Paarung. Im Körper der oberen Schnecke ist ein weißer Strich zu sehen. Das ist ein Liebespfeil (➜ Seite 16).

Unterschiede im Aussehen innerhalb derselben Art gibt es auch bei Nacktschnecken. Junge Tiere der Schwarzen Wegschnecke sind hell gefärbt. Wenn sie älter werden, färben sie sich meist in Schwarz um. Manche Tiere behalten das helle Kinderkleid.

Der Name „Schwarze Wegschnecke" gibt also nicht die Farbe aller Tiere dieser Art an. Bei der Roten Wegschnecke gibt es auch hellbraune und schwarze Tiere.

Die beiden Wegschnecken gehören zu derselben Art. Die „Löcher" sind die Atemöffnungen der Schnecken.

Die unterschiedlichen Häuser der Bänderschnecken kommen in verschiedenen Lebensräumen unterschiedlich häufig vor. In Wäldern und dichten Gebüschen findet man vorwiegend Schnecken mit dunklen Häusern ohne Bänder.
Auf Wiesen und Wegrändern sind dagegen helle gebänderte Schneckenhäuser häufiger.
Die Schnecken mit hellen gebänderten Häusern werden in Wiesen nicht so leicht von Vögeln entdeckt wie die dunklen. In Wäldern und dichten Gebüschen ist es umgekehrt.

Schneckenschmiede

Die Singdrossel frisst gern Bänderschnecken. Hat sie eine entdeckt, kann sie sie aber noch nicht gleich fressen. Zuerst muss sie das Schneckenhaus knacken.
Da sie das mit dem Schnabel nicht kann, zerschlägt sie das Haus der Schnecke auf einem Stein. Dann kann sie den Weichkörper der Schnecke fressen. Geeignete Steine benutzt sie immer wieder. Solche Steine nennt man Schneckenschmiede. Sie liegen zwischen den verstreuten zerschlagenen Schneckenhäusern.

Die herumliegenden Häuser zeigen, welche Bänderschnecken die Singdrossel in ihrem Jagdgebiet besonders leicht entdeckt hat.

Manchmal benutzt eine Singdrossel die Platten einer Terrasse als Schneckenschmiede. Wenn du darauf zerschlagene Schneckenhäuser entdeckst, kannst du mit etwas Glück später eine Drossel beim Zerschlagen der erbeuteten Schnecke beobachten.

Die Singdrossel an der Schneckenschmiede ist schwer am Arbeiten: Um den Stein herum liegen die zerschlagenen Häuser der Schnecken, die die Singdrossel schon vorher erbeutet hat.
Welche Schnecken hat die Singdrossel gefressen? Du kannst die Arten an ihren Häusern erkennen (→ Seiten 35 und 41).
Die Singdrossel hat Schnecken mit hellen gebänderten Häusern erbeutet. Wo hat sie wohl gejagt, im Wald oder auf einer Wiese? (Lösung → Seite 67)

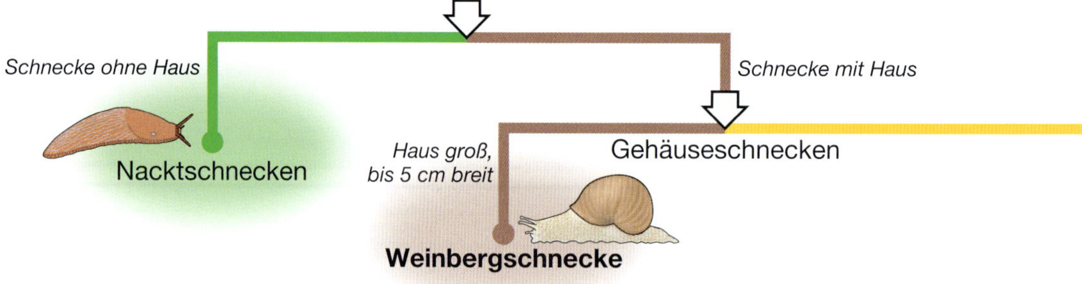

Beim Pfeil ganz oben musst du beginnen und dich bei jedem Pfeil zwischen zwei Möglichkeiten entscheiden.

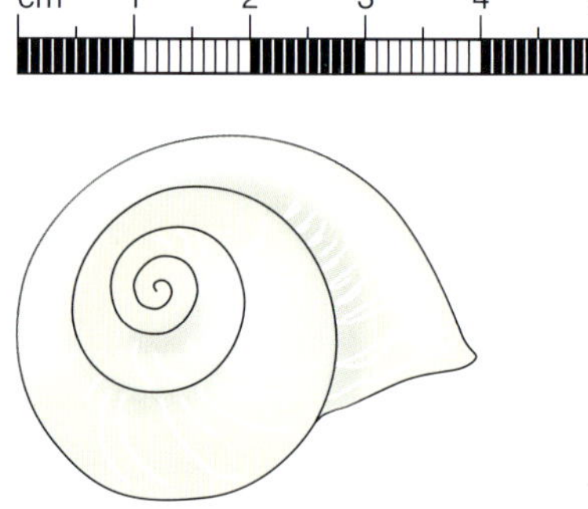

Welche Schnecke ist das?

Um den Namen einer Schnecke herauszufinden, benötigst du nur das Schneckenhaus. Auch die Namen der Schnecken auf den Bildern links kannst du mit der Bestimmungshilfe feststellen.

Mit den Abbildungen in diesem Buch kannst du überprüfen, ob du den Namen deiner Schnecke richtig bestimmt hast. Die Seite findest du mithilfe des Namenlexikons → Seite 60 und 61.

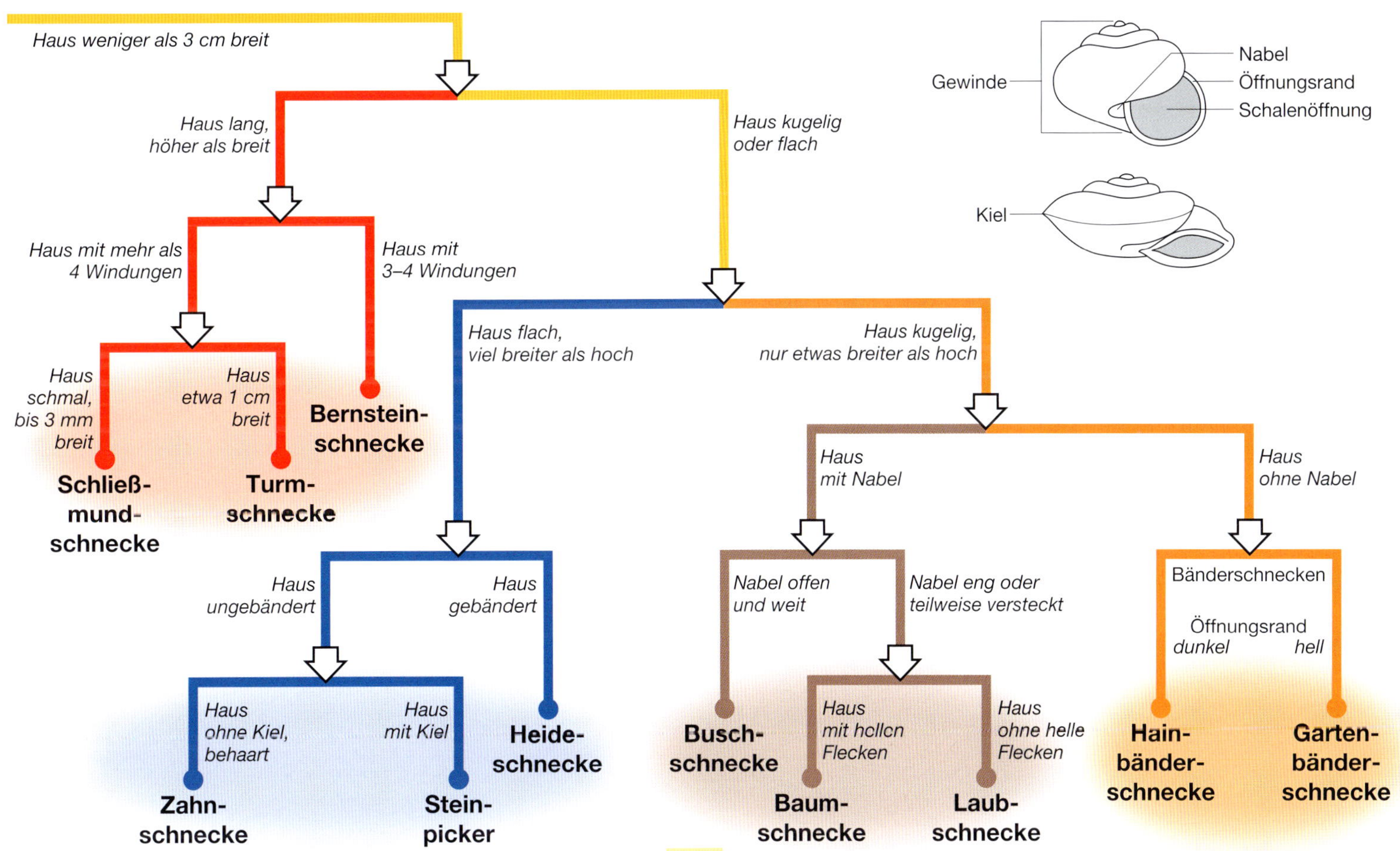
Haus weniger als 3 cm breit
Haus lang, höher als breit
Haus kugelig oder flach
Gewinde
Nabel
Öffnungsrand
Schalenöffnung
Kiel
Haus mit mehr als 4 Windungen
Haus mit 3–4 Windungen
Haus schmal, bis 3 mm breit
Haus etwa 1 cm breit
Bernstein-schnecke
Schließ-mund-schnecke
Turm-schnecke
Haus flach, viel breiter als hoch
Haus kugelig, nur etwas breiter als hoch
Haus mit Nabel
Haus ohne Nabel
Haus ungebändert
Haus gebändert
Nabel offen und weit
Nabel eng oder teilweise versteckt
Bänderschnecken
Öffnungsrand
dunkel
hell
Haus ohne Kiel, behaart
Haus mit Kiel
Heide-schnecke
Busch-schnecke
Haus mit hellen Flecken
Haus ohne helle Flecken
Hain-bänder-schnecke
Garten-bänder-schnecke
Zahn-schnecke
Stein-picker
Baum-schnecke
Laub-schnecke

Schnecken in verschiedenen Lebensräumen

Siehst du den nassen Stein? Die Baumschnecke kriecht im Regenwasser.

Die Laubschnecke hat die Mündung bei trockener Luft mit einer Haut aus Schleim verschlossen.

Landschnecken brauchen feuchte Luft

Wie viele Schnecken es in deiner Umgebung gibt, merkst du erst, wenn es regnet. Schnecken fühlen sich nur in feuchter Luft richtig wohl. Meist sind sie bei Regenwetter, in der Dämmerung und in der Nacht aktiv. Dann kommen Gehäuseschnecken mit Fuß und Kopf aus ihrem Haus. Und auch Nacktschnecken verlassen ihr Versteck. Manchmal kriechen sie bei Regen scharenweise über Straßen. Es kam schon vor, dass Autos auf ihren Schleimspuren ins Schleudern gerieten.

Schneckenarten, die in feuchten Gebüschen leben wie die Bernsteinschnecken, Baumschnecken und Laubschnecken, haben zarte Schalen.
Schneckenarten, die in trockenen Gebieten vorkommen, haben dagegen dicke Schalen, zum Beispiel die Heideschnecken.
Wird es den Schnecken zu trocken, ziehen sie sich in ihr Haus zurück und verschließen es mit Schleim. Sie können mehrere Wochen so ausharren.

Sandboden wird leicht heiß und trocken. Da ist es günstig, dass Schnecken senkrecht an Wänden und Pflanzen hochklettern und sich so in Sicherheit bringen können.
Nacktschnecken haben den Vorteil, dass sie kein Gehäuse mit sich herumschleppen. Dafür sind sie nicht gut gegen Austrocknen geschützt. Sie vertragen aber größere Wasserverluste als die Gehäuseschnecken.

Heideschnecken haben sich vom heißen Sandboden weg auf einen Pflanzenstängel geflüchtet.

Für das Leben an Land brachten die Vorfahren der Landschnecken eine wichtige Einrichtung aus dem Meer mit: das Schneckenhaus. Landschnecken benutzen es als Schutzhütte. Wenn die Luft zu trocken ist, ziehen sie sich darin zurück. Die Schale schützt die Schnecke davor, dass aus ihrem Körper zu viel Wasser verdunstet und sie dann austrocknet.
Je dicker die Schale ist, desto weniger Wasser verdunstet. Desto schwerer ist es aber für die Schnecke, ihr Haus zu tragen.

Die Posthornschnecke und ...

... die Spitzschlammschnecke sind Lungenschnecken, die im Süßwasser leben.

Süßwasserschnecken

Im Süßwasser leben mehrere Schneckenarten, darunter die Posthornschnecke und die Schlammschnecken. Man kann diese Schneckenarten und ihre Verwandten mit Walen vergleichen: Obwohl sie im Wasser leben, atmen sie durch Lungen. Wale sind Säugetiere, die ins Wasser zurückgekehrt sind. Die Vorfahren der Süßwasserschnecken lebten als Lungenschnecken ebenfalls auf dem Land. Zum Atmen hängen sich diese Schnecken an die Wasseroberfläche. Sie holen Luft durch ihre röhrenförmige Atemöffnung.

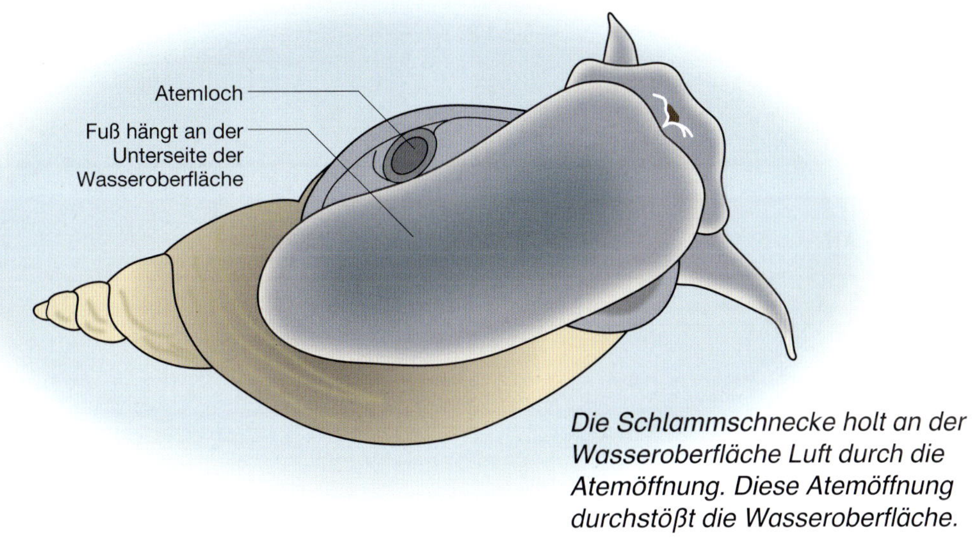

Die Schlammschnecke holt an der Wasseroberfläche Luft durch die Atemöffnung. Diese Atemöffnung durchstößt die Wasseroberfläche.

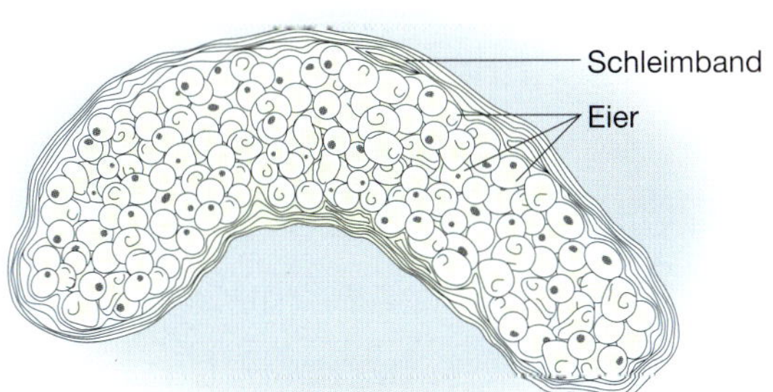

Häufig kannst du an den Scheiben eines Aquariums durchsichtige längliche oder rundliche Gebilde erkennen. Es sind die Eier der Wasserschnecken. Mit der Lupe kannst du kleine Schneckchen sehen, die bald schlüpfen werden.

Lungen sind die Atmungsorgane von Tieren, die Luft atmen. Wassertiere gehen dazu an die Wasseroberfläche. Wie bei uns Menschen wird der Sauerstoff aus der Luft durch die dünne Haut der Lunge aufgenommen und das im Körper entstandene Kohlenstoffdioxid abgegeben.

Kiemen sind die Atmungsorgane von Tieren, die unter Wasser atmen. Im Wasser befindet sich nur wenig Sauerstoff. Mit den fein verzweigten Kiemen nehmen sie den Sauerstoff aus dem Wasser auf und geben Kohlenstoffdioxid an das Wasser ab.

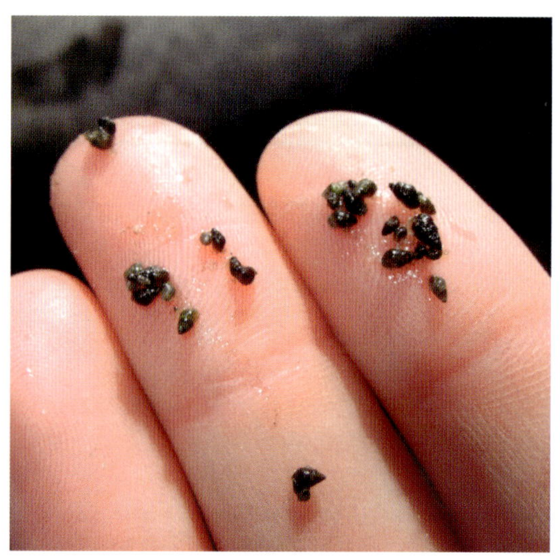

Die größte und die kleinste Schnecke im Watt: die Wellhornschnecke und die Wattschnecke.

Meeresschnecken

Neben Muschelschalen kannst du am Strand die Schalen von Schnecken finden.

Meeresschnecken atmen durch Kiemen (➜ Seite 45). Die größte Schneckenschale gehört der Wellhornschnecke. Sie wird etwa so lang wie deine Hand. Ihre leeren Häuser dienen Einsiedlerkrebsen als Wohnung. Da die Wellhornschnecke selten geworden ist, herrscht bei Einsiedlerkrebsen Wohnungsnot.

Im Sandwatt kannst du unsere kleinste Meeresschnecke finden: Das ist die nur wenige Millimeter große Wattschnecke. Du musst genau hinschauen, um die kleinen Schnecken zu entdecken. An manchen Stellen sammeln sie sich in großer Anzahl. Am besten erkennst du sie an den Spuren auf dem Wattboden.

Bei einsetzender Ebbe lassen sie sich auf den Wattboden fallen und grasen Algen von den Sandkörnern ab.
Bei auflaufender Flut heften sich die Schnecken mit dem Fuß an die Wasseroberfläche und bilden ein Schleimband, an dem ihre Nahrung aus dem Wasser kleben bleibt.

Sumpfdeckelschnecken sind besondere Schnecken. Sie atmen wie die Meeresschnecken durch Kiemen, leben aber im Süßwasser. Im Gegensatz zu den Lungenschnecken des Süßwassers haben die Vorfahren der Deckelschnecken das Süßwasser direkt vom Meer aus besiedelt. Sie haben deshalb das Atmen mit Kiemen beibehalten.

Wander-Fadenschnecken ernähren sich von kleinen Nesseltieren. Das sind Quallen und Polypen. Sie haben Nesselkapseln, mit denen sie ihre Beutetiere lähmen. Fadenschnecken verdauen die mit der Nahrung aufgenommenen Nesselkapseln zum großen Teil nicht. Stattdessen transportieren sie sie zum eigenen Schutz unter ihre Haut.

Schmetterlinge der Meere

Im Meer leben Nacktschnecken, die durch ihre Farben auffallen. Die Nacktschnecken der Meere sind mit den Nacktschnecken des Landes nicht näher verwandt. Da sie kein Gehäuse haben, schützen sich die Meeresnacktschnecken auf andere Weise. Die hübschen Farben sind für die Schnecken nützlich. Manche Schnecken sind so gefärbt wie ihre Nahrung, sodass sie auf den Schwämmen kaum zu entdecken sind. Sie tragen also eine Tarnfarbe.

Die Gelbe Schwammschnecke ernährt sich von Schwämmen. Mit ihrer Reibezunge raspeln sie die Schwämme ab.
Für ihre Fressfeinde ist sie auf dem Schwamm kaum zu erkennen – achte auf die Punkte!

Andere Arten zeigen dagegen leuchtende Farben, die sie von der Umgebung abheben. Diese Schnecken ernähren sich zum Beispiel von giftigen Schwämmen und speichern das Gift in ihrem Körper. Ihre grellen Farben sind Warnfarben, die Feinden anzeigen: „Vorsicht! Ich bin giftig. Friss mich ja nicht.“ Fressfeinde, die es dennoch versuchen, werden durch den Geschmack abgeschreckt und merken sich die Warnfarben. Sie werden es kein zweites Mal versuchen, eine solche Schnecke zu fressen.

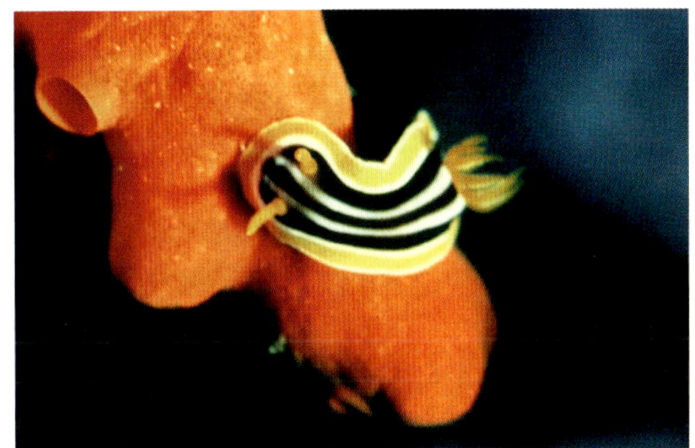

Eine Vierfarbige Sternschnecke sitzt auf einem giftigen Schwamm, den sie frisst.

Die Flammenfarben-Fadenschnecke warnt mit ihren grellen Farben vor den Nesselkapseln unter ihrer Haut.

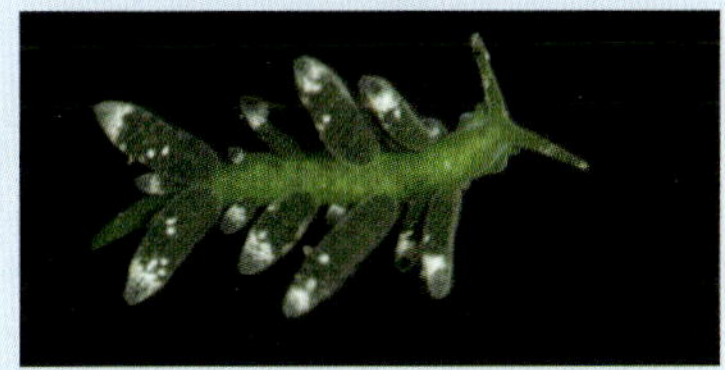

Grün ist eine seltene Farbe bei Schnecken. Die grüne Sackzünglerschnecke macht diese Farbe nicht selbst. Sie frisst Algen. Die Algen enthalten grüne Körperchen (Chloroplasten), die mithilfe des Sonnenlichts Nährstoffe herstellen. Die Schnecke transportiert die grünen Körperchen in ihre Haut. Dort produzieren sie weiter Nährstoffe. Die grüne Nacktschnecke lebt mit ihnen wie eine Pflanze.

Überlebenskünstler in der Wüste

Eine wahrlich unwirtliche Gegend: die Negev, eine Wüste in Israel.

In der Negev-Wüste brennt die Sonne vom Himmel. Die Luft ist heiß und trocken. Auf dem Wüstenboden liegen Schneckenhäuser. Es sieht so aus, als ob sie massenhaft dorthin transportiert und ausgeschüttet wurden.

Doch die Schneckenhäuser sind nicht leer. Landschnecken brauchen aber feuchte Luft. Wie können sie hier leben?

In einer Wüste regnet es selten, dann aber heftig wie bei einem Wolkenbruch. Das Wasser weckt die Wüstenschnecken aus ihrem Trockenschlaf. Als erstes trinken sie. Danach ist ihr Körper doppelt so groß wie vorher.

Die Wassermassen fließen ab oder versickern. Auf dem feuchten Wüstenboden wächst nun ein Rasen aus grünen Algen.

Die Schnecken grasen ihn mit ihrer Reibezunge ab. Dann paaren sie sich.

Unter den trockenen Wüstenpflanzen liegen zahlreiche weiße Schneckenhäuser.
Die Schneckenhäuser sind mit einem Kalkdeckel verschlossen.

Bald ist der Boden wieder heiß und trocken. Die Schnecken ziehen sich in ihr Haus zurück und verschließen es mit einem Kalkdeckel. Der Deckel und die dicke Schale schützen sie vor großem Wasserverlust. Sie können Hitze von über 50 Grad überleben und drei Jahre lang hungern, bis der nächste Regenguss sie erneut weckt. Dann heißt es für sie wieder eine kurze Zeit: trinken, fressen und sich fortpflanzen.

Eine Schnecke als Haustier: die Achatschnecke

Achatschnecken haben wunderschön geformte und gemusterte Häuser.
Dir fällt sicher auf, dass der Körper dieser Schnecke weiß ist. Das ist eine Seltenheit. Vielleicht hast du schon von Albinos gehört: Das sind Lebewesen, denen Stoffe fehlen, die der Haut Farbe geben.

Eine Schnecke als Kuscheltier? Schnecken scheinen dazu nicht geeignet. Dennoch sind die großen Achatschnecken als Haustiere beliebt. Sie werden wie die ebenfalls behäbigen Landschildkröten von Menschen gehalten, die langsame Tiere mögen.
Die Achatschnecken sind die größten Landschnecken der Erde. Sie werden daher auch Riesenschnecken genannt. Ihr Gehäuse wird größer als diese Buchseite. Der Körper von Kopf bis Schwanz ist noch länger. Die meisten Arten leben in Afrika. Dort werden sie gern gegessen. Achatschnecken wurden vom Menschen als Haustiere in viele Länder eingeführt und gelangten auch ins Freie. Sie sind gefräßig und verschlingen alles frische Grün und reife Früchte.
In Plantagen können sie großen Schaden anrichten.

Die eingeschleppten Schnecken sind für die Landwirtschaft eine ernste Gefahr, da sie die Ernte vollständig vernichten können. In den USA ist ihre Haltung daher streng verboten. In Deutschland überleben die Achatschnecken den Winter nicht. Eine ungewollte Vermehrung der Schnecken ist bei uns also ausgeschlossen. Dennoch darf man die Achatschnecken nicht freilassen. Als Haustiere können Achatschnecken bis zu 10 Jahre alt werden. Wer keine kleinen Schnecken haben will, muss die einzelnen Schnecken getrennt halten.

Achatschnecken sind riesig und gefräßig. Wegen ihrer Größe sind bei ihnen das Fressen, die Bewegung und die Fortpflanzung leicht zu beobachten.

Ein Gehege (Terrarium) für Achatschnecken sollte für 3 bis 6 Tiere mindestens 60 Zentimeter lang sowie 30 Zentimeter breit und hoch sein. Achatschnecken werden bei 20 bis 25 Grad und hoher Luftfeuchtigkeit gehalten. Sie lassen sich leicht züchten. Wie die Weinbergschnecken sind sie Zwitter. Eine Achatschnecke kann bis zu 300 Eier legen. Manche Achatschnecken sind lebendgebärend: Die kleinen Schneckchen schlüpfen im Körper der Mutter.

Schneckenfeinde und Schneckenschutz

Schnecken fressen und werden gefressen. Und die Tiere, die Schnecken fressen, werden ebenfalls von anderen Tieren gefressen. Wie du daraus ein Nahrungsnetz machen kannst, siehst auf ➜ Seiten 68 und 69.

Wem Weinbergschnecken schmecken

Weinbergschnecken ziehen sich bei Gefahr in ihr Gehäuse zurück. Doch die Kalkschale kann sie nicht gegen alle Fressfeinde schützen.

Spitzmäuse fressen zuweilen selbst erwachsene Weinbergschnecken: Sie zerbeißen die Schneckenhäuser.

Der Feueralamander frisst gern Nacktschnecken.

Besonders gut scheinen Schnecken den Laufenten zu schmecken, die deshalb in Gärten oft zur Bekämpfung von Nacktschnecken eingesetzt werden. Sie fressen aber genauso gern Gehäuseschnecken samt Gehäuse, die ihren Kropf füllen und erst mit den kräftigen Muskeln ihres Magens geknackt werden.

Aber nicht nur größere Tiere erbeuten Schnecken. Ameisen können in Scharen über eine Weinbergschnecke herfallen. Die schützt sich zwar mit Schleimblasen (➔ Seite 29). Aber gegen sehr viele Ameisen hat die Schnecke schließlich keine Chance: Die Ameisen kämpfen sich Körper an Körper durch den Schleim hindurch.

Weinbergschnecken werden auch von manchen Menschen gern gegessen. Dazu werden sie heute in Farmen gehalten und vermehrt (➔ Seite 59).

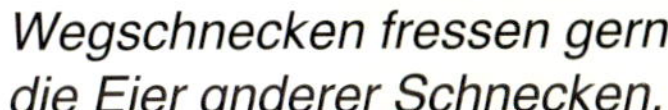

Wegschnecken fressen gern die Eier anderer Schnecken.

Auch einige Käfer und Käferlarven stellen den Schnecken nach, auch wenn die viel größer sind. Ein besonderer Schneckenjäger ist der Lederlaufkäfer. Mit seinem schmalen Kopf kann er tief ins Schneckengehäuse eindringen. Aus seinem Mund scheidet er einen Verdauungssaft ab, der die Schnecke zu einem Brei auflöst. Den vorverdauten Brei schlürft der Käfer auf.

Dem Reichtum geopfert: Purpurschnecken

Mehrere Schneckenarten, die im Meer leben, haben sehr schöne Gehäuse: die Purpurschnecken. Sie gehören zur Familie der Stachelschnecken. Ihre Häuser haben meistens kräftige Fortsätze wie Stacheln.
Purpurschnecken werden gern gesammelt. Dass sie selten wurden, hatte aber noch einen weiteren Grund:

Stachelschnecken, aus denen Purpur gewonnen wurde, leben in solchen Häusern.

Aus den Purpurschnecken wurde früher Purpur gewonnen. Um ein Gramm reines Purpur zu erhalten, musste man etwa 10 000 Schnecken töten!
Die Tiere wurden in Salz gelegt und zerrieben. Man erhielt eine schillernde Farbbrühe, die durch Kochen eingedickt wurde. Die in diesen Sirup eingetauchten Stoffe erhielten erst nach längerer Zeit die Purpurfarbe. Dieses Purpur konnte sich nach mehreren Jahren in ein leuchtendes Rot verwandeln.

Purpur war früher der wertvollste Farbstoff. Er zeigte die Macht und den Reichtum der Kaiser und später der Kardinäle in der katholischen Kirche.
Heute haben die Schnecken ihre Bedeutung zum Färben verloren. Genauso schöne Farbstoffe werden technisch viel billiger hergestellt.
Die Purpurschnecken sind nun wieder häufiger geworden: Sie dürfen nicht mehr vernichtet werden und in einigen Ländern darf man sie auch nicht mehr sammeln.
So konnten sich die Purpurschnecken wieder vermehren.

Kardinal Richelieu (1585–1616), ein französischer Staatsmann, im Purpurgewand

In der Nähe der italienischen Stadt Tarent gibt es einen künstlichen Berg. Er wird Monte Testaceo genannt, das heißt deutsch: Schalenberg. Er besteht fast nur aus den Häusern von Purpurschnecken, die zur Herstellung von Purpurfarbstoff getötet wurden.

Schneckenkorn? Nein danke!
Zur Bekämpfung der gefräßigen Wegschnecken wird in Gärten oft Schneckenkorn eingesetzt. Schnecken fressen es gern. Schneckenkorn vergiftet aber nicht nur Wegschnecken, sondern auch die harmlosen Bänderschnecken und die unter Naturschutz stehende Weinbergschnecke.
Die viel bessere Lösung: Man fördert die Fressfeinde der Wegschnecken durch Verstecke für Kröten und Laufkäfer, beispielsweise Reisighaufen und Steinhöhlen.
Als Schutz vor Zuwanderung von Schnecken dienen Schneckenzäune → Seite 63.

Schutz der Weinbergschnecke

Weinbergschnecken sind bei uns ursprünglich gar nicht heimisch gewesen.
In den südlichen Ländern aßen die Menschen sie gerne und Mönche brachten sie nach Deutschland mit. Noch heute sind Weinbergschnecken häufig in der Nähe von Klöstern zu finden. Die Mönche verspeisten Schneckengerichte gern als leckeres Mahl während der Fastenzeit.
Im Süden und Westen Europas war die Weinbergschnecke nicht nur eine Delikatesse, sondern ein alltägliches Nahrungsmittel. Der Bedarf dort war so groß, dass Weinbergschnecken bei uns gesammelt und in diese Länder transportiert wurden. Dadurch wurde die Weinbergschnecke bei uns immer seltener. Heute steht sie in Deutschland unter Naturschutz. Sie darf nicht mehr gesammelt werden.
Wenn du eine Weinbergschnecke findest, darfst du sie vorsichtig in die Hand nehmen und beobachten, was sie macht. Du musst sie aber dort lassen, wo sie lebt. Die Anzahl der Weinbergschnecken hat inzwischen wieder zugenommen, sodass du ihnen häufig begegnen kannst.

Schneckenfarmen

In Frankreich, aber auch in Süddeutschland werden Schnecken in großen Schneckenfarmen gehalten. Die Schneckenzucht ersetzt das Sammeln frei lebender Schnecken.
Tausende Schnecken leben auf einer Farm. Sie werden mit frischem Grün gemästet und an Gaststätten verkauft. Die einheimische Weinbergschnecke eignet sich nicht gut zum Halten in Gefangenschaft. Daher wird in Schneckenfarmen meist eine nah verwandte Art gehalten, die sonst in Südeuropa lebt: die Gefleckte Weinbergschnecke.

Die Gefleckte Weinbergschnecke ist ursprünglich kleiner als unsere Weinbergschnecke. Man hat jedoch größere Rassen gezüchtet.

Schneckengehege: Der Boden wird bewässert, sodass immer frisches Grün wächst. Die Bretter sind schräg und deshalb unterschiedlich feucht. Schnecken suchen sich dann aus, wie viel Feuchtigkeit ihnen am besten gefällt.

Namenlexikon

Hier findest du die deutschen und lateinischen Namen der im Buch behandelten Mollusken. Das Namenlexikon zeigt dir auch, auf welcher Seite die Tiere im Buch abgebildet sind oder besprochen werden.

Die lateinischen Namen sind die wissenschaftlichen Namen. Sie bestehen aus zwei Teilen. Der erste, großgeschriebene Teil gibt die Gattung an. Das ist eine Gruppe, zu der viele sehr nah verwandte Arten gehören. Beispielsweise gehört unsere Weinbergschnecke zur Gattung *Helix*.
Steht ein zweiter Teil beim lateinischen Namen, dann wird so die Art bezeichnet.

Unsere Weinbergschnecke heißt lateinisch *Helix pomatia*. Die im Mittelmeergebiet vorkommende Gefleckte Weinbergschnecke heißt *Helix aspersa*.
Wenn nur die Gattung bei dem deutschen Namen genannt ist, gibt es mehrere ähnliche Arten, zum Beispiel bei den Bänderschnecken: die heißen lateinisch *Cepaea*.

Achatschnecke
Achatina achatina → Seite 52

Auster
Ostrea edulis → Seite 11

Bänderschnecken
Cepaea → Seiten 34–35

Baumschnecke
Arianta arbustorum → Seite 42

Bernsteinschnecke
Succinea putris → Seiten 40 Mitte und 42

Buschschnecke
Bradybaena fruticum:

Flammenfarben-Fadenschnecke
Flabellina exoptata → Seite 49

Garten-Bänderschnecke
Cepaea hortenis → Seiten 8, 34 und 35

Gefleckte Weinbergschnecke
Helix aspersa → Seite 59

Gelbe Schwammschnecke
Phyllidia pullitruri → Seite 48

Große Teichmuschel
Anodonta cygnea → Seite 11

Hain-Bänderschnecke
Cepaea nemoralis
→ Seiten 34–35

Heideschnecke
Helicella itala → Seite 43

Herzmuschel
Cerastoderma edule → Seite 1

Krake
Octopus → Seite 12

Laubschnecke
Monachoides incarnatus
→ Seite 42

Miesmuschel
Mytilus edulis → Seite 10

Posthornschnecke
Planorbanius corneus
→ Seite 44

Purpurschnecken, mehrere Arten: *Bolinus brandaris, Murex trunceus, lapillus* → Seite 56

chließmundschnecke
lausilium:

*chließmundschnecken können
re Schalenöffnung wie einen
lund verschließen.*

Steinpicker
Helicigona lapicida:

Turmschnecke
Zebrina dentrita:

Zahnschnecke
Helicodonta obvoluta:

Projektideen und Spiele

Projekt: Wilde Schnecken zu Hause halten

Eine Schneckenwohnung einrichten

Schnecken kannst du gut in der Natur beobachten, da sie ja nicht weglaufen. Sie vertragen es jedoch auch, wenn du sie kurze Zeit bei dir zu Hause hältst. Dazu musst du ihnen eine Wohnung in einem Gefäß aus Glas oder Plastik einrichten und sie regelmäßig mit Nahrung und Wasser versorgen. Schnecken lieben feuchte Luft über alles. Ohne sie fühlen sie sich nicht wohl. Sprühe regelmäßig Wasser in das Gefäß – zum Beispiel mit einer Sprühflasche, die man zum Befeuchten von Wäsche beim Bügeln verwendet.

Nach spätestens einer Woche solltest du die Schnecken wieder freilassen. Bringe sie zurück an den Ort, wo du sie gefunden hast.

Die Weinbergschnecke steht unter Naturschutz. Man darf sie nicht aus der Natur entfernen, also nicht fangen und nicht in Gefangenschaft halten!

Ein Terrarium für Landschnecken

Du brauchst ein Gefäß aus Glas oder Plastik, das etwa 30 cm lang, 20 cm breit und 30 cm hoch ist. Außerdem brauchst du eine passende Glasscheibe. Sie muss etwas kleiner sein als die Öffnung des Gefäßes, sodass rechts und links jeweils ein etwa 1 cm breiter Lüftungsspalt bleibt. Außerdem benötigst du sandige Erde, Moospolster und Salatblätter sowie zwei Gummiringe.

Verteile die Erde gleichmäßig auf dem Gefäßboden – etwa 5 cm hoch.
Decke die Erdschicht mit Moospolster ab. Lege einige Salatblätter in eine Ecke des Gefäßes. Setze 2 bis 5 Schnecken ein. Für ein Terrarium eignen sich Bänderschnecken, Baumschnecken oder Buschschnecken. Decke das Terrarium mit der Glasscheibe ab. Die Glasplatte bewirkt, dass es im Terrarium lange schön feucht bleibt.
Die beiden Gummiringe ziehst du vorsichtig über Gefäß und Glasplatte, sodass die Glasplatte nicht verrutschen kann und die Schnecken nicht aus dem Gefäß kriechen können.

Pflegeplan

Du musst das Terrarium täglich reinigen: Entferne alle Futterreste und den Kot der Schnecken. Reinige die Wände des Gefäßes und die Glasplatte mit einem Lappen oder Schwamm und Klopapier.
Füttere die Schnecken täglich mit Salat, Löwenzahnblättern oder Gurkenscheiben. Sprühe täglich etwas Wasser in das Gefäß. Lass die Schnecken spätestens nach einer Woche frei. Bringe sie an den Ort zurück, an dem du sie gefunden hast.

Projekt: Schneckenzaun

Ihr benötigt auf keinen Fall Schneckenkorn (➜ Seite 58), um im Garten eine schneckenfreie Zone einzurichten, in der Salat, Kräuter und vieles mehr wachsen kann.
Im Versuch 3 auf ➜ Seite 30 habt ihr zwar gesehen, dass Schnecken sogar Messerklingen überwinden können. Auch andere scharfkantige und spitze Sperren sind für sie kein Hindernis.

Der Schneckenzaun jedoch ist eine geschickte Konstruktion, an der auch Schnecken scheitern:
Gebogene Bleche werden lückenlos rund um die zu schützenden Gartenbeete in den Boden gedrückt. Innerhalb des Zaunes muss man einmal die Schnecken absammeln. Danach sollte man regelmäßig darauf achten, dass keine Pflanzenteile über den Zaun hängen, über die Schnecken in das Beet klettern könnten.

Spiel: Schneckenbingo

Mit diesem Spiel kannst du dir die Namen und das Aussehen einiger Schneckenhäuser einprägen. Du kannst das Schneckenbingo (kurz SCHNEBI) allein oder zusammen mit anderen spielen.

Für dieses Spiel brauchst du:

1 Schneckenkarte pro Spielerin/Spieler

Dazu wird die Vorlage auf ➜ Seite 65 kopiert. Du kannst sie farbig ausmalen. Die Farben kannst du mithilfe der Abbildungen in diesem Buch wählen.
Die Abbildung mit Namen der Schnecken darf man beim Spielen nicht benutzen.

8 Abdeckkarten pro Spielerin/Spieler

Die Abdeckkarten müssen genauso groß sein wie die Felder auf den Schneckenkarten (4 x 4 cm).

1 Musterkarte

Die Musterkarte enthält die Muster, nach denen ein Bingo gelegt werden soll.

20 Vorlesekarten

Auf jedes Kärtchen schreibst du einen der folgenden Schneckennamen: Achatschnecke, Baumschnecke, Bernsteinschnecke, Buschschnecke, Fadenschnecke, Garten-Bänderschnecke, Hain-Bänderschnecke, Heideschnecke, Laubschnecke, Posthornschnecke, Purpurschnecke, Schlammschnecke, Schließmundschnecke, Steinpicker, Sternschnecke, Tigerschnegel, Wattschnecke, Wegschnecke, Weinbergschnecke, Wellhornschnecke, Zahnschnecke.

Spielregeln

Ihr bestimmt eine Spielleiterin oder einen Spielleiter.
Jede Spielerin und jeder Spieler erhält eine Schneckenkarte sowie 8 Abdeckkarten, die man vor sich hinlegt.
Die Musterkarte wird für alle sichtbar auf den Tisch gelegt.
Die Spielleitung erhält die Vorlesekarten. Sie mischt sie und legt den Stapel mit dem Namen nach unten auf den Tisch. Bevor sie die erste Karte vorliest, nennt sie das Muster, das in dieser Spielrunde gelegt werden soll. Die schwarzen Felder sollen auf der Schneckenkarte abgedeckt werden, wenn der Name einer im Muster abgebildeten Schnecke von der Spielleitung vorgelesen wird.
Die Spielleitung liest einen Schneckennamen vor und legt die Karte vor sich hin. Die Spieler schauen, ob sich das Bild der genannten Schnecke auf der Schneckenkarte und in dem Muster befindet, das gelegt werden soll. Trifft beides zu, so legen sie eine Abdeckkarte auf dieses Feld.
Dann liest die Spielleitung die nächste Vorlesekarte vor. Wenn eine Spielerin oder ein Spieler das Muster vollständig gelegt hat, ruft sie oder er laut „SCHNEBI“. Damit ist die Spielrunde zu Ende. Nun wird bei der Person, die zuerst „SCHNEBI“ gerufen hat, geprüft, ob das gelegte Muster stimmt. Anhand der abgelegten Vorlesekarten wird kontrolliert, ob die Namen der abgedeckten Schnecken tatsächlich genannt wurden. Wenn beides richtig ist, bekommt die Spielerin oder der Spieler einen Punkt. Die nächste Runde kann gespielt werden.
Das Spiel ist zu Ende, wenn der erste Spieler 10 Punkte hat. Dieser Spieler hat gewonnen.

Musterkarte:

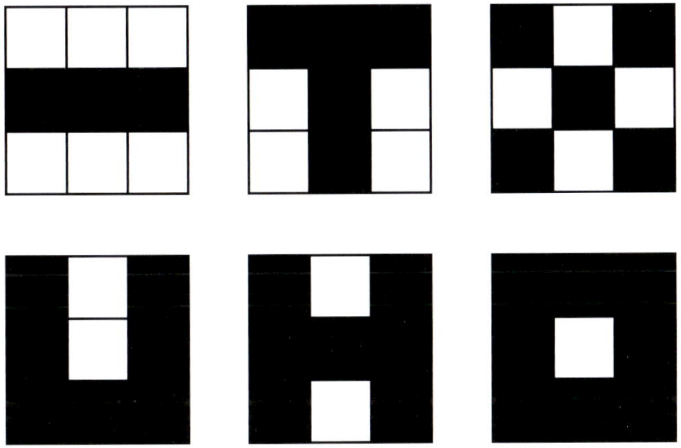

Zahn-schnecke	Posthorn-schnecke	Garten-Bänder-schnecke
Steinpicker	Weinberg-schnecke	Bernstein-schnecke
Hain-Bänder-schnecke	Heide-schnecke	Turm-schnecke

Namen der Schnecken auf der Schneckenkarte (beim Spielen abdecken).

Kopiervorlage Schneckenkarte:

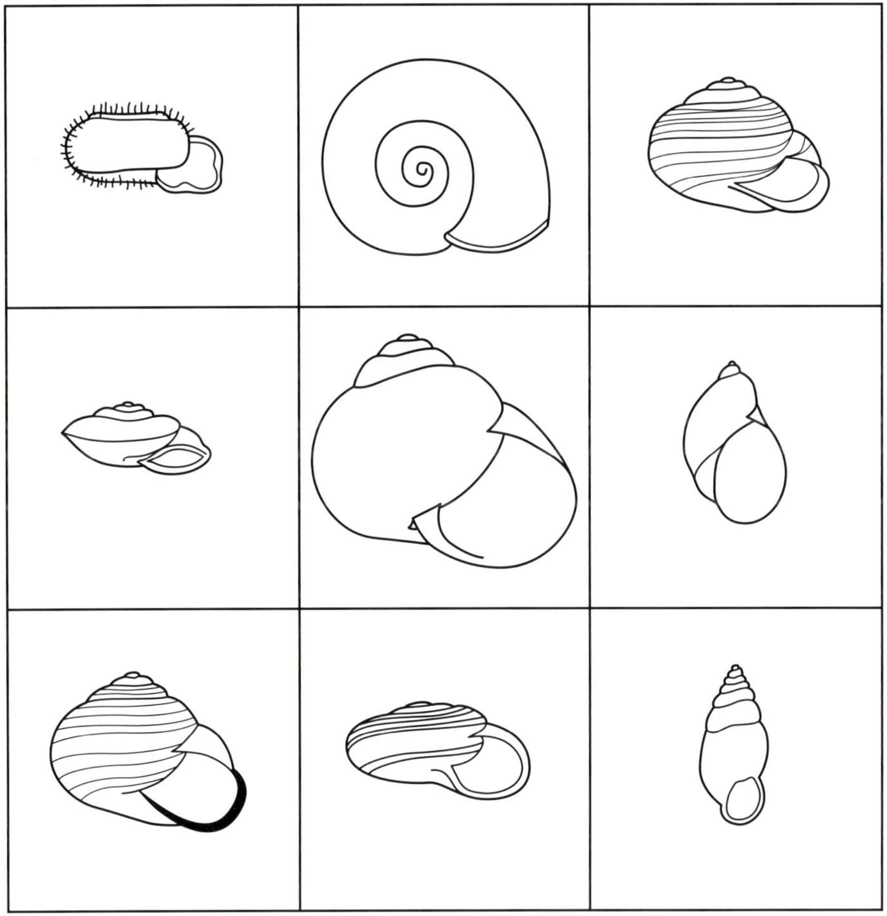

Spiel: Schneckenrennen

Wettrennen im Schneckentempo?
Das macht Spaß, weil es spannend ist herauszufinden, welche die schnellste Rennschnecke ist.
Du kannst die Rennen zwischen verschiedenen Arten oder Schnecken derselben Art veranstalten. Es eignen sich Bänderschnecken, Baumschnecken, Buschschnecken und Weinbergschnecken.
Ihr könnt die Schnecken auch in verschiedenen Größenklassen starten lassen.
Es wird besonders spannend, wenn die Beobachterinnen und Beobachter des Rennens jeweils eine Schnecke als die ihre wählen. Die Siegerschnecke und ihre Betreuerin oder ihr Betreuer können als Belohnung einen Preis bekommen.

Rennstrecke

Das Rennen wird am besten auf einer etwa 1 x 1 m großen Glasplatte durchgeführt. Auf der Unterseite werden mit Filzstift Kreise gezeichnet. Das hat den Sinn, dass die Farbe der Kreise die Schnecken beim Kriechen nicht beeinflusst.
Der letzte Kreis ist die Ziellinie.
Die Glasplatte wird auf einen Tisch aufgelegt, um die Schnecken besser beobachten zu können.

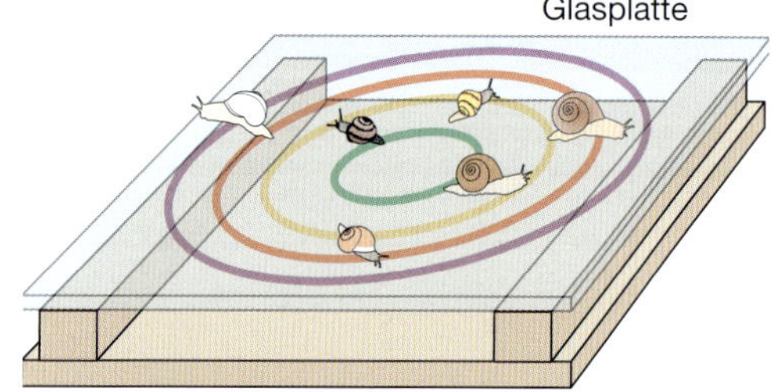

Spielregeln

Die Schnecke, die zuerst die Ziellinie erreicht, hat gewonnen. Man kann auch den Sprintsieger feststellen. Das ist die Schnecke, die als erste den zweiten Kreis erreicht.
Etwa zehn Schnecken können gleichzeitig starten. Die Schnecken werden mit Klebepunkten gekennzeichnet, auf die die Startnummern geschrieben sind. Sie werden von ihren Betreuerinnen und Betreuern in die Mitte der Glasplatte in den inneren Kreis gesetzt.
Danach dürfen sie nicht mehr berührt oder auf andere Weise gestört und beeinflusst werden. Nur durch Zurufe dürfen sie ermuntert werden, schneller zu kriechen (Schnecken können aber nicht hören).
Du kannst auch die Zeit mit einer Stoppuhr messen, die die Siegerin bis zur Ziellinie gebraucht hat.

Bei mehreren Rennen können so der Streckenrekord und die beste Rennschnecke ermittelt werden.

Beendigung des Rennens

Nach Beendigung des Rennens werden die Klebepunkte von den Schnecken entfernt. Die Schnecken bringt ihr an den Ort zurück, an dem ihr sie eingesammelt habt.

Schneckenlimerick
(Beate Büchner)

Es sagten mal zwei Weinbergschnecken
zu den sieben Schnirkelschnecken:
Zwischen euch Zwergen
in den Weinbergen
sind wir doch Recken!

Abzählreim
(Beate Büchner)

Schnick schnack schneck,
Schnörkelchen im Dreck.
Schnick schnack Schnirkelschnecke,
schleimt sich um die Straßenecke,
stößt sie an, rutscht in ihr Haus
und du bist raus.

Schneckenschleim – selbst hergestellt
(Beate Büchner)
Vielleicht wollt ihr selbst mal Schneckenschleim herstellen?
Wie muss der ideale Schneckenschleim beschaffen sein? Ist er zu fest, klebt er und unsere Schnecke kommt nicht vom Fleck. Ist er zu flüssig, rutscht die Schnecke zwar gut, aber er ist zu schnell verbraucht. Und wie schnell darf er eintrocknen, wenn die Schnecke Pause macht? Ihr könnt es ausprobieren:
Der Untergrund muss nicht unbedingt eine Glasplatte sein, es eignet sich auch ein Küchentablett mit glatter Fläche (Plastik, Wachstuch). Als Schnecken nehmt einfach kleine Münzen. Die Unterseite bestreicht ihr jetzt zum Beispiel mit feuchter Seife, Tapetenleim oder einem Tropfen Spülmittel. Vielleicht habt ihr auch noch andere Ideen. Jetzt legt ihr die Münzen auf das Tablett und haltet es schräg, bis die erste Münze losrutscht. Ihr könnt die Rutschfläche auch vorher mit dem Blumensprüher oder einem Lappen anfeuchten, denn ihr wisst ja: Schnecken lieben es feucht.

Überlegt, welcher Schleim für eine Schnecke nützlich wäre: Welcher ist zu dünn, welcher zu dick, sodass die Schnecke nicht vorwärts käme?
An welchem Schleim würde die Schnecke festkleben? Mit welchem Schleim könnte sie keine Mauer hochkriechen?

Lösung zu Seite 11 (von links nach rechts):
Kammmuschel, Herzmuschel, Auster, Schwertmuschel, Dreiecksmuschel oder Sägezähnchen, Miesmuschel, Pantoffelschnecke, Rote Bohne

Lösung zu Seite 39
Auf dem Bild ist in der Mitte ein Schalenstück mit einem hellen und rechts mit einem dunklen Rand der Schalenöffnung zu sehen. Die Singdrossel hat also sowohl eine Garten-Bänderschnecke als auch eine Hain-Bänderschnecke erbeutet.
Helle gebänderte Schalen erkennt die Singdrossel im Wald besser als dunkle. In der Wiese sind helle gebänderte dagegen gut getarnt. Die Singdrossel hat also wahrscheinlich im Wald gejagt.

Ein Nahrungsnetz legen

Tiere fressen Pflanzen oder Tiere. Sie werden selbst von anderen Tieren gefressen. Wenn man die Nahrungsbeziehungen ordnet, erhält man ein Nahrungsnetz. Mit den Bildern kannst du ein solches Nahrungsnetz legen. Kopiere die Bilder der Lebewesen, schneide sie aus und klebe sie wie die Kästchen im Bild rechts auf ein Blatt Papier. Ganz oben stehen die Tiere, die von keinem anderen abgebildeten Tier gefressen werden.
Verbinde die Bilder mit Pfeilen. Jeder Pfeil bedeutet: „Dieses Lebewesen wird gefressen von diesem Lebewesen."
Die Bilder und Texte auf → Seite 54 und 55 helfen dir bei der Frage, wer von wem gefressen wird.

Erdbeere

Bänderschnecke

Singdrossel

Kohl

Wegschnecke

Lederlaufkäfer

Schneckeneier

Spitzmaus

Feuersalamander

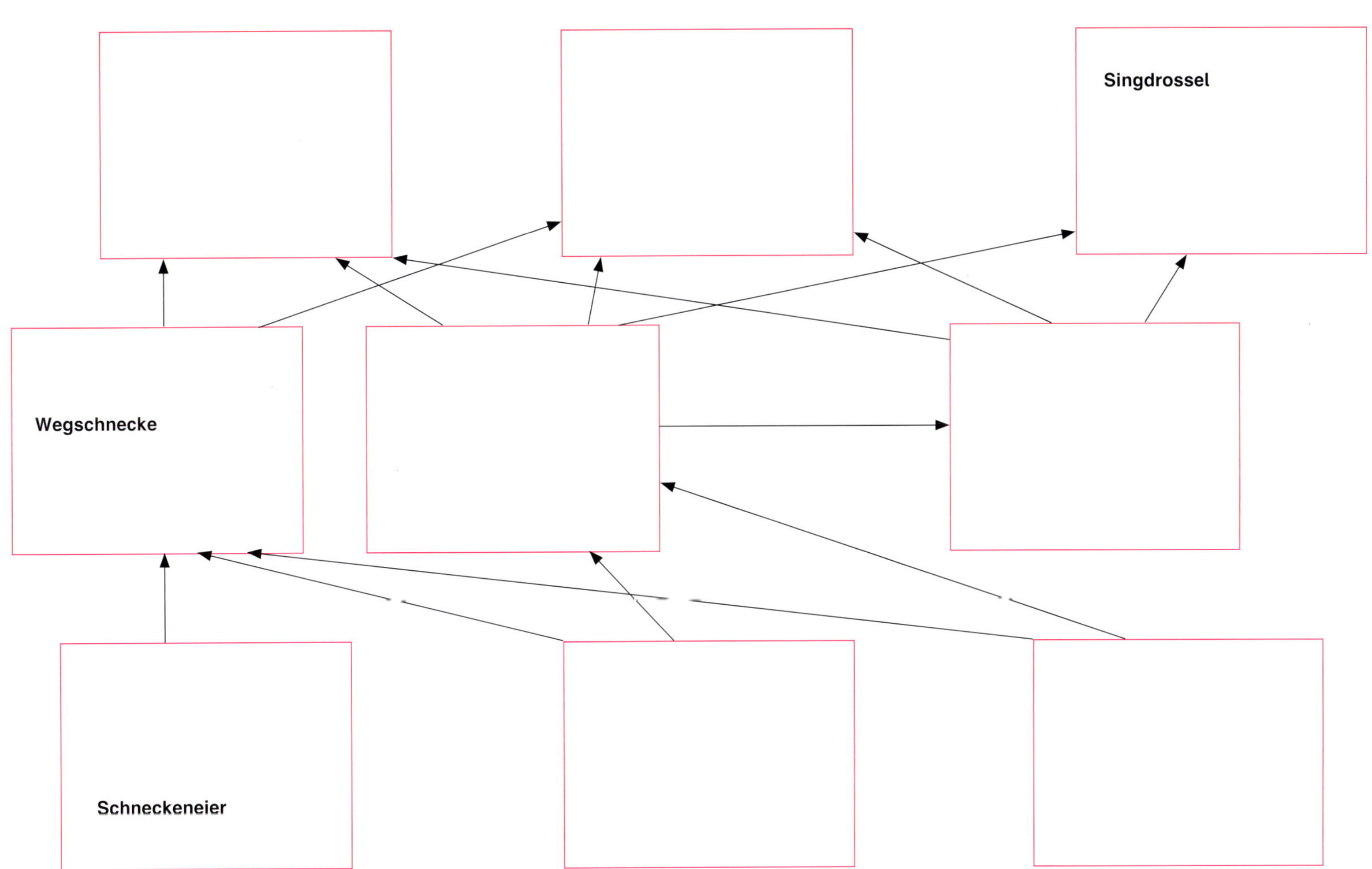
Singdrossel
Wegschnecke
Schneckeneier

„Schnecken“ im Alltag

Schneckenformen

Ungewöhnliche „Schnecken“ findet man im Alltag unter anderem beim Bäcker und an der Geige: Die Form eines aufgerollten Schneckenhauses gab dem Gebäck und dem Ende des Geigengriffs den Namen.
Vielleicht macht es dir Spaß, besondere „Schnecken“ im Alltag zu suchen und zu entdecken. Was erinnert dich an Schnecken und an ihre gewundenen Gehäuse?

Redensarten und Witze

Eigenschaften der Schnecken begegnen dir im Alltag in einigen Redensarten. Manchmal droht jemand:
„Ich mache dich zur Schnecke.“
Das ist unfreundlich gemeint: Wer das sagt, beachtet nicht, wie schön und interessant viele Schnecken sind.

Sprichwörtlich ist das „Schneckentempo“: langsam wie eine Schnecke. Dazu gibt es einen Scherz. Die Berner, also Schweizer im Kanton Bern, gelten als besonders langsam. Ein Schweizer aus einer anderen Gegend begegnet einem Berner, der gerade voller Wut eine Schnecke tot tritt. Der andere Schweizer fragt empört. „Warum trittst du denn die Schnecke da tot?“ Antwortet der Berner: „Sie verfolgt mich schon seit Stunden!“

Finde oder erfinde selbst weitere Sprüche mit Schnecken oder einen Witz.

Impressum, Literatur, Bildnachweise

Über den Autor

Ulrich Kattmann, Jahrgang 1941, Professor für Didaktik der Biologie an der Universität Oldenburg, seit 2004 im Ruhestand.
Über 45 Jahre Vermittlung von Themen zur Biologie, vor allem Evolution und Genetik, in Universität, Schulen, zahlreichen Vorträgen, Aufsätzen und Büchern.

Impressum

www.vkgw.de
ISBN: 978-3-89432-275-5
Grafiken: Elisabeth Galas, Bad Breisig
Satz und Layout: ISM Satz- und Reprostudio GmbH, München
Druck und Bindung: Westarp & Partner Digitaldruck. Printed in Serbia.

Literatur

Janßen, W. (Hrsg.) (1995): Muscheln & Schnecken. Unterricht Biologie 205, Friedrich, Seelze.

Kilias, R. (1985, 2004): Die Weinbergschnecke. Neue Brehm-Bücherei 563, Westarp Wissenschaften, Hohenwarsleben

Nordsieck, R. & Brugsch, M. (2012): Einheimische Schnecken: In der Natur, im Garten und zu Hause. Natur und Tier, Münster.
Pfleger, V. (1984): Schnecken und Muscheln Europas. Land- und Süßwasserarten. Kosmos, Stuttgart.
Wiese, V. (2016): Die Landschnecken Deutschlands: Finden – Erkennen – Bestimmen. Quelle & Meyer, Heidelberg.

Nützliche Links

Die lebende Welt der Weichtiere: www.weichtiere.at/Weichtiere/index.html?/Weichtiere

Bildnachweise
Bähler, Armin/Schneckenfarm Elgg: S. 59/2.
Böhning, Tanja: S. 61/2.
Boemer, Rita: S. 29.
Eleveld, Martina: S. 52; S. 53.
Fotolia Deutschland, Berlin, © www.fotolia.de: rcfotostock Cover, S. 3; WoGi S. 9/1; cynoclub S. 12/1; Carey, Richard S. 12/2; Izzotti, Andrea S. 12/3; Jerome S. 13/2; Friedberg S. 13/3; andersphoto S. 15/1; Gay, Renée S. 15/3; emer S. 15/4; kernel S. 16; emer S. 54/1; Berg, Martina S. 54/2; Kruck, Wolfgang S. 54/3; Fuhrmann, Rainer S. 55/1; blende 40 S. 55/4; Odem1970 S. 56/1; anderteukern S. 56/2; Schwarz, Nailia S. 59/1; Eggermann, Peter S. 61/1; Savic, Dragisa S. 61/3; sergeklein S. 62/1; graul, mirko S. 68/1; Seybert, Gerhard S. 68/3; emer S. 68/6; Kruck, Wolfgang S. 68/9; rdnzl S. 70/1; Printemps S. 70/3.
Grobe, Hannes/Wikipedia, CC-by: S. 32.
Gropp, Jan/pixelio: S. 28/2.
Hollenbach, Frank/pixelio.de: S. 4.
jenafoto24.de/pixelio: S. 28/2.
Jonas, Peter: S. 46/1.
judy82/pixelio.de: S. 27/1.
Kattmann, Jascha C.: S. 5; S. 8; S. 40/3; S. 55/2; S. 60; S. 68/4, 5.
Kattmann, Ulrich: S. 7; S. 9/2; S. 13/1; S. 15/2; S. 19/2; S. 20; S. 21; S. 28/1; S. 30/2; S. 34/1–6; S. 35/1–4; S. 40/1, 2; S. 42/1, 2; S. 43; S. 50; S. 55/3; S. 68/2, 7, 8.
Maurer, Ulrich: S. 61/4.
Meereszentrum Fehmarn: S. 47/1.
Mrkvicka, Alexander: S. 44/1; 47/3.
Nordsieck, Robert: S. 44/2.
pierredesvarre/istockphoto.de: S. 19/1.
Pol, Didier/La main à la pâte: S. 31/1.
Röbbelen, Maria: S. 47/2.
Samland, Monika: S. 33/1.
Schilke, Karl S. 51.
Schutzstation Wattenmeer e.V. Husum: S. 46/2.
Seehafer, Ingo: S. 11/1.
Sibbing, Winfried: S. 37.
Sturm, Rainer/pixelio.de: S. 70/2.
Tierbildarchiv Angermayer: S. 18.
Wägele, Heike: S. 48/1, 2; S. 49/1, 2, 3.
Watts, Dave/Alamy Stock Photo: S. 39.
Wendlandt, Sandra: S. 71.
Wimmer, Walter S. 36.